동화 같은 일본 소도시 여행

숨은 보석처럼 빛나는 일본 소도시 30

동화 같은 일본 소도시 여행

—

2025년 5월 20일 1판 1쇄 인쇄
2025년 5월 26일 1판 1쇄 발행

—

지은이 칸코쿠마
펴낸이 이상훈
펴낸곳 책밥
주소 11901 경기도 구리시 갈매중앙로 190 휴밸나인 A-6001호
전화 번호 031-529-6707
팩스 번호 031-571-6702
홈페이지 www.bookisbab.co.kr
등록 2007. 1. 31. 제313-2007-126호

—

기획 윤정아
진행 김효정
디자인 디자인허브

—

ISBN 979-11-93049-65-5(13910)
정가 20,000원

책밥은 (주)오렌지페이퍼의 출판 브랜드입니다.

숨은 보석처럼 빛나는 일본 소도시 30

동화 같은
일본 소도시
여행

칸코쿠마 지음

책밥

프롤로그

안녕하세요, 칸코쿠마입니다. 제가 일본에 거주한 지도 벌써 6년이라는 시간이 흘렀네요. 일에만 파묻혀 살던 20대 후반, 저는 문득 일본에서 살고 싶다는 생각을 했습니다. 지금 돌이켜 보면 그건 현실도피였을지도 모르겠어요. 히라가나도 모르던 저는 무작정 현금 600만 원을 손에 쥔 채 일본에서 워킹홀리데이를 시작했습니다. 일본 여행조차 해본 적 없던 저는 무작정 어디론가 떠나고 싶다는 생각만 가득했던 것 같아요. 일본에서 오래 살 생각도 없었기 때문에 말 그대로 아무런 준비도 없이 그저 경비가 다 떨어지면 다시 한국으로 돌아갈 생각이었습니다.

그렇게 일본이란 낯선 나라에 머문 지 3개월 정도가 지났을 무렵, 취미 생활 정도로 생각하며 제가 좋아하는 것들을 사진으로 남기기 시작했습니다. 물론 핸드폰으로 이곳저곳 찍어보는 정도였지만요. 가벼운 마음으로 SNS에 제가 찍은 사진들을 올리기 시작했는데 어느 순간 점점 팔로워가 늘어나기 시작했고, 지금은 감사하게도 인플루언서라는 호칭으로 불리기도 합니다. 아직까지는 그렇게 불리는 게 어색하고 낯설게 느껴지기도 해요. 이렇게 사진들을 공유하며 저는 제가 보는 시선이 누군가에게는 힐링, 누군가에게는 자극, 누군가에게는 그 이상의 의미가 될 수 있다는 걸 알게 되었어요.

경비가 다 떨어지면 한국으로 돌아가야겠다고 생각했는데 당시 갑작스레 코로나19가 유행하며 한국으로 돌아갈 방법이 없어졌습니다. 돈은 떨어져가는데 한국으로 돌아갈 방법은 없고 당장의 생활비를 위해 저는 무작정 공장 아르바이트를 시작했습니다. 그렇게 공장에서 번 돈으로 틈틈이 일본의 작은 소도시 여행을 시작했습니다. 혼자하는 여행을 즐기는 저는 도쿄, 오사카 같은 대도시보다 작은 도시가 가지고 있는 소박한 감성이 더 좋더라고요. 여행할 때 늘 기억에 오래 남았던 곳은 원래 가려던 길이 아니라 길을 잘못 들었을 때 만난 작은 신사나 골목골목의 아담한 상점들이었습니다. 그렇게 전 여행지에서 이방인으로 혼자 보내는 시간, 혼자 느끼는 감정들을 즐기기 시작했습니다.

그렇게 시작된 일본 소도시 여행이 책으로 나왔습니다. 잔잔하고 고즈넉한 소도시의 매력을 여러분에게도 보여주고 싶었어요. 이 책을 가이드북의 성격을 띤 작은 지도 정도로 생각해주세요. 여러분도 이 책과 함께 일본 소도시 여행을 해보며 나만 알고 싶은 새로운 장소에서 새로운 기억들을 많이 담아갔으면 좋겠습니다.

초록 감성 가득한 계절에 칸코쿠마

차례

1 간토 関東

알쏭달쏭
일본 소도시 알아보기

일본의
행정구역

일본에 살다 보면 현(県)이란 단어를 자주 듣게 되는데, 이는 어딜 가든 주소가 현으로 시작되기 때문입니다. 우리가 흔히 말하는 '도쿄'도 사실은 '도쿄도(東京都)'라는 하나의 행정 단위입니다. 일본의 행정구역은 크게 네 종류로 나뉘어 있습니다. '도(都)', '도(道)', '부(府)', '현(県)' 이렇게 4가지인데 도쿄도, 홋카이도, 오사카부, 교토부를 제외한 나머지 43개의 행정구역은 전부 현에 포함됩니다.

이런 분류는 어디까지나 지역을 행정적으로 나눈 것일 뿐이지만 일본에 살거나 일본 여행을 자주 하다 보면 행정구역 이름에 도시의 분위기와 정체성이 묻어 있다는 걸 알 수 있습니다. 현으로 분류되는 곳들은 조용하고 일상적인 소도시에 가까운 느낌이고 도쿄도나 오사카부 같은 도와 부로 구분되는 지역들은 확실히 조금 더 도시적인 느낌이 강합니다. 책에 소개된 도시들 역시 고즈넉하고 평화로운 분위기가 대부분이라 현의 명칭이 붙은 곳이 많습니다.

이렇듯 소도시의 조용한 마을들은 대부분 현 단위로 보통은 현의 이름과 대표 도시의 이름이 동일합니다. 니가타현의 니가타시, 기후현의 기후시 등이 현과 대표 도시의 이름이 같은 지역이라고 할 수 있습니다. 하지만 도치기현의 대표 도시인 우츠노미야시처럼 몇몇 지역은 대표 도시와 현의 이름이 다른 곳도 있어 현과 이름이 같다고 해서 꼭 그 지역의 대표 도시인 것은 아닙니다.

홋카이도

아오모리현

아키타현   이와테현

야마가타현   미야기현

니가타현   후쿠시마현

도야마현
이시카와현   군마현   도치기현

나가노현   이바라키현
후쿠이현   사이타마현
기후현   야마나시현   도쿄도   지바현
시마네현   톳토리현   시가현   가나가와현
교토부   아이치현   시즈오카현
오카야마현   효고현   오사카부
히로시마현   나라현
야마구치현   가가와현   미에현
후쿠오카현   도쿠시마현   와카야마현
사가현   에히메현   고치현
나가사키현   오이타현
구마모토현
미야자키현
가고시마현

오키나와현

011

일본의 행정구역은 에도 시대 때 어느 정도 자리가 잡혀 현재까지 비슷한 형태를 유지하고 있습니다. 에도 시대 때의 지방 통치 단위는 번(藩)으로 각 지역의 무사들이 통치하는 도시라는 뜻입니다. 메이지 유신 시대를 거치며 중앙 집권화를 위해 번을 폐지하고 현으로 명칭을 변경하는 폐번치현을 겪으며 현재의 부와 현으로 행정 분류가 정립되었습니다.

이렇게 도도부현이 확립된 후 도쿄부가 도쿄도로 전환되고 홋카이도청이 홋카이도로 변경되며 현재의 1도(도쿄도), 1도(홋카이도), 2부(오사카부, 교토부) 그리고 43개의 현으로 행정구역이 정리되었습니다. 여기서 도쿄도와 홋카이도가 같은 도로 묶여 두 지역이 비슷한 느낌이라 생각할 수 있는데 도쿄도의 도(都)는 수도라는 의미의 표기이고 홋카이도의 도(道)는 지역을 의미해 두 지역은 다른 의미로 구분되었습니다. 사실 홋카이도는 다른 현과 명칭만 다를 뿐 행정적인 차이점은 거의 없습니다.

다른 지역과 달리 교토와 오사카는 특별히 부라는 새로운 명칭으로 분류됩니다. 교토부는 1,000년이 넘는 시간 동안 일본의 중심지였기 때문에 특별히 부로 지정되었으며, 오사카부 역시 근대 행정과 상업의 중심지로 간주되어 부의 명칭으로 분류합니다. 현재 일본에서는 도도부현만의 특별한 의미가 많이 사라지고 일반적인 행정 분류의 의미가 더 크게 자리 잡았다고 할 수 있습니다.

••••

소도시의
특별한 음식&디저트

간토

사이타마현
가스카베시: 된장 절임 요리
사이타마시: 사이타마 라멘
가와고에시: 고구마 스위츠(디저트), 사찰 간식

가나가와현
가마쿠라시: 시라스 덮밥, 전통 과자

도쿄도
야네센: 센베, 단팥 디저트

군마현
구사쓰마치: 온천 만주
시부카와시: 우동, 산나물
다카사키시: 채소 덮밥

도치기현
닛코시: 유바(두부 껍질) 요리
도치기시: 유자
우츠노미야시: 군만두

주부

나가노현
스와시: 와사비, 매실
나가노시: 신슈 소바
우에다시: 밤 과자
가루이자와: 천연 발효 빵, 잼
마츠모토시: 말고기 회
고모로시: 고모로 소바
사쿠시&도미시: 사과, 애플 파이

아이치현
나고야시: 미소카츠, 텐무스(새우튀김 주먹밥)
이치노미야시&기요스시: 우이로(떡 과자)

기후현
기후시: 아유구이(은어), 히다규(소고기)
오가키시: 미즈 만주(물만주)

야마나시현
후지요시다시: 요시다 우동, 복숭아

니가타현
조에쓰시: 고시히카리 쌀, 노포 양갱

간사이&시코쿠

나라현

나라시: 칠복신 과자, 녹차 디저트

교토부

이네후나야: 해산물 덮밥, 정어리 젓갈

효고현

고베시: 고베규(소고기), 고베 푸딩

에히메현

마쓰야마시: 도고 온천 만주, 귤

소도시 대표 축제

간
토

사이타마현

(7월) **가스카베시**

가스카베 단지 축제
지역 주민이 참여하는 여름 축제

(8월) **사이타마시**

오미야 타카사고 축제
지역 전통 예술과 퍼레이드가 어우러진 행사

가나가와현

(4월) **가마쿠라시**

가마쿠라 마츠리
무사 행렬과 전통 공연이 열리는 역사 축제

도쿄도

(8월) **야네센**

야나카 긴자 여름 축제
지역 상점가에서 열리는 여름 축제

(10월) **가와고에시**

가와고에 마츠리
전통 수레 퍼레이드와 거리 공연이 펼쳐지는 축제

군마현

(8월) **구사쓰마치**

구사쓰 온천 축제
온천수를 사용하는 전통 행사와 퍼레이드

(9월) **시부카와시**

이카호 온천 축제
온천 마을에서 열리는 전통 축제

(8월) **다카사키시**

다카사키 여름 축제
불꽃놀이와 함께하는 여름 축제

도치기현

(8월) **닛코시**

닛코 토쇼구 백만등 축제
수많은 등불로 장식된 신사에서 열리는 축제

(8월) **도치기시**

도치기 여름 축제
지역 주민이 참여하는 퍼레이드와 불꽃놀이

(11월) **우츠노미야시**

우츠노미야 교자 축제
다양한 종류의 교자를 즐길 수 있는 지역 대표 음식 축제

나가노현

(8월) 스와시

스와호 불꽃놀이 대회
호수 위를 수놓는 대규모 불꽃놀이

(4월) 나가노시

젠코지 벚꽃 축제
벚꽃이 예쁜 젠코지 주변에서 열리는 전통 행사

(4월) 우에다시

우에다 산사 축제
전국 시대 무장 사나다 유키무라를 기리는 퍼레이드

(7월)~(8월) 가루이자와

가루이자와 고원 페스티벌
여름철 음악 페스티벌과 장이 열리는 마을 행사

(10월) 마츠모토시

마츠모토성 축제
마츠모토성에서 열리는 무사 행렬과 전통 공연

아이치현

(4월) 고모로시

고모로성 벚꽃 축제
고모로성 주변에서 열리는 봄 축제

(10월) 사쿠시

사쿠 애플 페스티벌
사과 수확 시기에 맞춰 열리는 음식 축제

기후현

(3월)~(5월) 나고야시

나고야성 봄 축제
벚꽃과 무사 퍼레이드가 어우러진 대규모 행사

(7월) 이치노미야시

오와리 츠시마 텐노 축제
야간 수상 퍼레이드로 유명한 전통 축제

(5월) 기후시

기후 우카이
가마우지를 이용한 전통 어업 시연

(5월) 오가키시

오가키 마츠리
유네스코 무형문화유산에 등재된 화려한 수레 축제

야마나시현

(4월) 후지요시다시

후지 시바자쿠라 축제
후지산 아래 잔디밭에 핀 벚꽃을 즐기는 봄 축제

니가타현

(8월) 조에쓰시

우에스기 겐신 축제
전국 시대 무장 퍼레이드가 펼쳐지는 역사 축제

간사이 & 시코쿠

나라현

(1월) **나라시**

와카쿠사야마 야마야키
산 전체의 풀을 태우는 대규모 불
꽃 행사

효고현

(4월) **고베시**

고베 축제
시내 퍼레이드와 공연이 열리는
시민 축제

교토부

(7월) **이네후나야**

이네 마츠리
배 행렬과 불꽃놀이가 있는 어촌
마을 축제

에히메현

(10월) **마쓰야마시**

도고 온천 축제
미코시(제례용 가마) 부딪치기 행
사와 거리 퍼레이드가 열리는 전
통 축제

일본 소도시
직항 완전 정복

나리타 국제공항
- **취항 항공사** 대한항공, 아시아나항공, 진에어
- **도심 이동** JR 소부선(쾌속)
- **이동 시간** 도쿄역까지 약 90분
- **이동 비용** 1,340엔

하네다 국제공항
- **취항 항공사** 대한항공, 아시아나항공
- **도심 이동** 게이큐선
- **이동 시간** 시나가와역까지 약 13분
- **이동 비용** 410엔

나고야 중부국제공항
- **취항 항공사** 대한항공, 아시아나항공, 제주항공, 진에어
- **도심 이동** 메이테츠 특급 열차 이용
- **이동 시간** 나고야역까지 약 30분
- **이동 비용** 1,230엔

고베 공항
- **취항 항공사** 티웨이항공
- **도심 이동** 포트라이너 이용
- **이동 시간** 산노미야역까지 약 18분
- **이동 비용** 330엔

도쿠시마 공항
- **취항 항공사** 에어서울
- **도심 이동** 공항 버스
- **이동 시간** 도쿠시마역까지 약 25분
- **이동 비용** 440엔

마쓰야마 공항
- **취항 항공사** 대한항공
- **도심 이동** 공항 리무진 버스
- **이동 시간** 마쓰야마 시내까지 약 15분
- **이동 비용** 410엔

일러두기| 이 책에 수록한 모든 여행지는 2025년 5월 기준의 정보로 작성되었습니다. 따라서 추후 변동 여부에 따라 여행지의 입장료 및 음식 가격 등의 실제 정보는 책의 내용과 다를 수 있음을 밝힙니다.

일본 소도시
인생 사진 스폿

카메라로 사진을 찍기 시작한 지는 1년 정도 되었습니다. 그전까지
는 저도 핸드폰 카메라로 사진을 찍어왔어요. 사진 관련 전문가와
비교하면 굉장히 짧은 시간이죠. 그래서 이번 책에서는 사진 구도
나 촬영 방법을 소개하기보단 제가 좋아하는 촬영 각도나 숨겨진
포토 스폿들을 소개하고자 합니다.

저는 구름과 하늘 사진을 정말 좋아합니다. 특히 여름날의 일본 하
늘을 참 좋아해요. 일본의 여름은 덥고 습한 편이지만 수많은 뭉게
구름이 펼쳐져 있어 색다른 경험을 제공합니다. 가끔은 압도될 정
도로 아름다운 하늘을 볼 수 있는데 그럴 때면 일본 애니메이션 속
작은 시골 마을에 와 있는 듯한 느낌을 받곤 합니다. 책에서는 아
름다운 장소지만 상대적으로 많이 알려지지 않은 곳들을 소개하고
자 합니다. 구름과 하늘이 아름다운, 만화 속 한 장면 같은 스폿들
을 소개합니다.

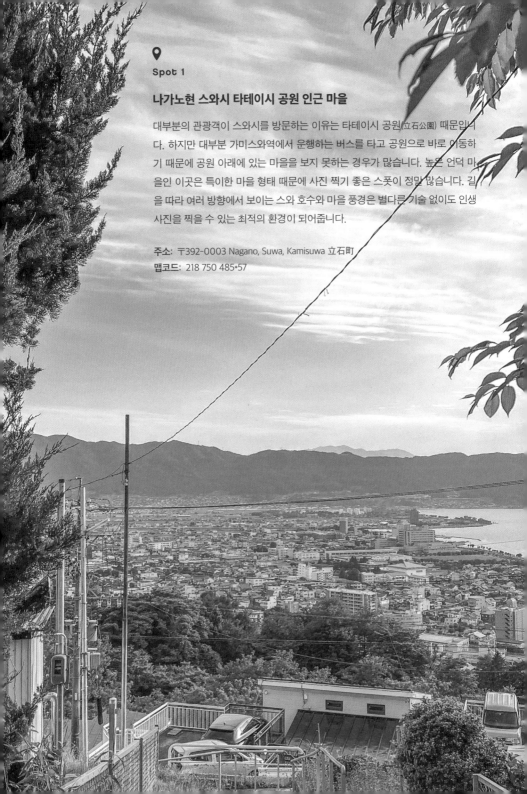

Spot 1

나가노현 스와시 타테이시 공원 인근 마을

대부분의 관광객이 스와시를 방문하는 이유는 타테이시 공원(立石公園) 때문입니다. 하지만 대부분 가미스와역에서 운행하는 버스를 타고 공원으로 바로 이동하기 때문에 공원 아래에 있는 마을을 보지 못하는 경우가 많습니다. 높은 언덕 마을인 이곳은 특이한 마을 형태 때문에 사진 찍기 좋은 스폿이 정말 많습니다. 길을 따라 여러 방향에서 보이는 스와 호수와 마을 풍경은 별다른 기술 없이도 인생 사진을 찍을 수 있는 최적의 환경이 되어줍니다.

주소: 〒392-0003 Nagano, Suwa, Kamisuwa 立石町
맵코드: 218 750 485•57

Spot 2

나가노현 우에다시 벳쇼 온천의 안라쿠지

벳쇼 온천 마을의 사찰인 안라쿠지(安楽寺)는 일본에서 무사가 처음으로 정권을
잡은 시기인 가마쿠라 시대에 창건된 절로 이곳에 있는 일본 국보 팔각삼중탑이
특히 유명합니다. 사계절 내내 아름다운 이곳은 입구의 계단이 매력적이라 사진
을 찍기 좋습니다. 사찰 안쪽에도 다양한 건축물과 함께 사진 찍기 좋은 여러 스
폿이 있어 벳쇼 온천과 함께 방문하는 걸 추천합니다.

주소: 2361 Besshoonsen, Ueda, Nagano 386-1431
맵코드: 177 048 802•04

나가노현 고모로시 하나카나 물의 공원

고모로역에서 도보 약 20분 정도 거리에 있는 하나카나 물의 공원(花川親水公園)입니다. 봄에 방문했다면 고모로성 벚꽃보다 더욱 특별한 이곳을 꼭 추천하고 싶습니다. 유료 입장인 고모로성과 달리 무료로 개방되어 있는 공원으로 작은 하천과 어우러진 예쁜 벚꽃 사진을 찍을 수 있는 곳입니다. 지나다니는 사람이 거의 없어 사진 찍기 좋고 공원의 규모도 제법 커서 천천히 구경한다면 1시간 정도 소요되는 코스입니다. 가을에는 강 위로 낙엽이 날리는 멋진 풍경을 볼 수 있습니다.

주소: 2 Chome-9 Shinmachi, Komoro, Nagano 384-0034
맵코드: 85 589 680*23

나가노현 사쿠시 하나주라이나리 신사

사쿠시 사쿠다이라역에서 도보 40분 거리에 위치한 하나주라이나리 신사(鼻顔稲荷神社)입니다. 역과의 거리가 짧지 않음에도 이 신사를 추천하는 이유는 바로 도리이 때문입니다. 대부분의 도리이는 빨간색이지만 이곳의 도리이는 회색이라 새로운 느낌을 주고 동네 건물들도 낮은 편이라 사쿠시 전체를 넓게 볼 수 있습니다. 대나무가 많은 신사라 사계절 모두 아름답지만 가을철 낙엽이 특히나 아름답습니다. 차분한 분위기의 특별한 사진을 남기고 싶다면 추천하는 곳입니다.

주소: 4261 Iwamurada, Saku, Nagano 385-0022
맵코드: 85 388 236*50

아이치현 나고야시 쇼나이강

나고야에서 전철로 15분, 도보로 약 30분 정도 거리에 있는 쇼나이강(庄內川)은 하루를 여유롭게 마무리하며 노을 사진을 찍기 정말 좋은 장소입니다. 낭만적인 나고야의 평야를 조망할 수 있어 시야가 넓게 트인 곳입니다. 멀리 보이는 강가와 건물들은 완벽한 하루의 마무리가 되어줄 거예요. 나고야 도심에서 제법 거리가 있는 만큼 주택단지로 이루어진 마을의 고즈넉한 분위기가 좋은 운치 있는 곳입니다.

주소: Miyo Tomidacho Oaza Maeda, Nakagawa Ward, Nagoya, Aichi 454-0942
맵코드: 4 190 345·44

기후현 기후시 육교

이곳은 제가 기후시에서 가장 좋아하는 장소로 오후 시간대부터 해 질 녘까지 머무르며 노을을 즐겼던 곳입니다. 육교에서 태양과 넓은 평야, 큰 강을 볼 수 있는 이곳은 풍경이 매우 아름다워 누구에게나 추천할 만한 곳입니다. 기후성에서 도보 15분 거리에 있기 때문에 기후성과 함께 방문해보길 추천합니다.

주소: 5-Chome Honmachi, Gifu 500-8034
맵코드: 28 646 417·85

니가타현 조에쓰시 나오에쓰역 앞 마을

겨울이 아름다운 도시 조에쓰시에 방문했다면 나오에쓰역(直江津駅) 앞 작은 마을을 둘러보길 추천합니다. 1990년대로 돌아간 듯한 느낌이 드는 곳인데 오래된 건물과 작은 상점들, 여기에 눈이 오는 풍경이 더해지면 이렇게 사진 찍기 좋은 곳도 없다는 생각이 절로 듭니다. 또 마을 규모가 커서 골목골목 돌아보는 재미가 있는 곳입니다. 근처에 바닷가가 있어 마을 사진을 찍은 후 바다 사진을 함께 찍기에도 좋은 코스입니다.

주소: 1 Azumacho, Joetsu, Niigata 942-0003
맵코드: 126 614 042*41

1

간토
関東

간토

간토는 일본의 수도인 도쿄가 속해 있는 지역으로 도쿄 관광객과 도쿄에 온 김에 근교도 함께 방문하는 관광객으로 항상 인파가 몰리는 곳이다. 간토 지방엔 사이타마현, 가나가와현, 도쿄도, 군마현, 도치기현 등이 속해 있다. 간토 지방에 살고 있는 인구는 4,350만 명으로 일본 인구의 1/3 수준이다.

12세기 이전까지는 농업 지역이었으나 1185년 가마쿠라 막부 수립 이후 일본에서 정치적으로 중요한 지역이 되기 시작했다. 자연스레 전통적인 강세 지역인 간사이 지방의 라이벌로 급부상했고 이후 상업이 고도로 발달하며 인구가 계속 늘어났다. 에도 시대 중기 무렵인 18세기엔 간토 지방의 인구수가 간사이 지방을 넘어서며 오랜 세월 수도 역할을 했던 교토가 아닌 도쿄가 수도의 지위를 얻게 되었다.

도쿄의 북쪽에 위치한 사이타마현(埼玉県)은 넓은 간토 평야에 위치해 있다. 온화한 기후와 평탄한 지형으로 관광하기 좋은 곳이며 작은 하천이 많아 도쿄 여행 중 여유를 찾고 싶은 사람들에게 추천할 만한 곳이다.

가와고에시

가스카베시

사이타마시

간토

· 가스카베시 ·

애니메이션 〈짱구는 못말려〉 배경지
짱구를 사랑하는 도시 가스카베

가스카베시(春日部市)는 도쿄에서 1시간 정도면 갈 수 있는 가까운 소도시이다. 사이타마현에 속한 가스카베시는 천천히 둘러보면 2시간 정도 걸리지만 대부분이 평야 지대라 가볍게 산책하며 구경하기 좋다. 가스카베역 근처에서 자전거를 대여해 가볍게 둘러보면 체력적으로 부담이 없다. 일본 소도시 특유의 분위기를 만끽할 수 있는 최적의 지역이니 꼭 방문해보길 권한다.

가스카베시는 애니메이션 〈짱구는 못말려〉의 배경지로도 유명하다. 우리나라 사람치고 짱구를 싫어하는 사람이 몇이나 될까? 옛 추억을 떠올려 보면 어린 시절 짱구를 보며 키득거렸던 기억이 생생하다. 짱구를 보며 자란 우리는 이제 어른이 되었지만 짱구는 여전히 5살 어린아이로 남아 있다. 짱구의 흔적을 따라 가스카베를 여행하며 어릴 적 동심을 꺼내 보자.

가스카베역

가스카베역(春日部駅)에 도착한 순간부터 짱구와 친구들을 만나게 된다. 가스카베역 모든 열차에는 〈짱구는 못말려〉 배경 음악이 흘러나와 방문한 이로 하여금 이곳이 어떤 곳인지를 바로 알게 한다. 열차에서 내리는 순간부터 출구에 다다르기까지 〈짱구는 못말려〉와 컬래버레이션한 다양한 광고를 볼 수 있다. 짱구에 대한 가스카베시의 애정이 느껴지는 곳이 가스카베역이다.

주소: 1 Chome-10-1 Kasukabe, Saitama 344-0061
맵코드: 3 825 199•77
운영시간: 06:00~24:00

Tour 2

가스카베시
관광 안내소

가스카베역 동쪽 출구에서 도보로 3분 정도 이동하면 가스카베시 관광 안내소(春日部情報発信館)가 나온다. 관광 정보 및 특산품을 소개하는 한국어 책자를 제공받을 수 있고 짱구의 도시답게 짱구와 관련된 관광 명소마다 도장을 찍을 수 있는 스탬프 책자도 받을 수 있다. 뿐만 아니라 이곳에서는 짱구의 원화도 감상할 수 있기에 더욱 추천한다. 이외에도 자전거 대여 서비스 등 일반적인 관광 안내소와는 다른 이곳만의 특별한 서비스를 제공한다.

주소: 〒344-0061 Saitama, Kasukabe, 1 Chome-3-4
맵코드: 3 825 355*58
운영시간: 09:00~16:30/매주 월요일 휴무
자전거 대여료: 3시간 미만 300엔, 3시간 이상 500엔
전화번호: +81 48 763 3111
홈페이지: visit-kasukabe.jp/pratkasukabe.html

가스카베 시청

우리나라의 대표 캐릭터인 둘리는 도봉구 소재의 실제 주민등록증을 가지고 있다. 일본의 대표 캐릭터인 짱구 역시 가스카베 소재 주민표를 가지고 있는데 가스카베 시청에 가면 짱구의 주민표를 직접 볼 수 있다. 가스카베역에서 걸어서 15분 정도 거리에 있는 가스카베 시청엔 짱구의 주민표와 만화 초판본, 작가의 사인 등이 전시되어 있다. 짱구와 관련된 상품도 판매하고 있으니 기념품도 함께 챙겨 보자.

주소: 〒344-0067 Saitama, Kasukabe, Central, 7 Chome- 2 -1
맵코드: 3 795 479+70
운영시간: 8:30~17:15/주말 휴무
전화번호: +81 48 736 1111
홈페이지: city.kasukabe.lg.jp

라라 가든

가스카베역에서 도보로 20분 정도 걷다 보면 라라 가든(ララガーデン) 가스카베점이 나온다. 이곳 3층 매장에는 커다란 짱구 동상이 자리 잡고 있으며 다양한 짱구 관련 굿즈도 만나볼 수 있다. 라라 가든 은 가스카베에서 짱구와 관련된 상품이 가장 많은 곳이기도 하다. 매장 옆에는 뽑기 게임장이 있는데 전부 짱구 관련 상품으로 채워 져 있다. 가스카베 여행의 마지막 코스로 방문하여 선물을 사기 좋 은 곳이다.

주소: 1 Chome-1-1 Minami, Kasukabe, Saitama 344-0064
맵코드: 3 796 781•28
운영시간: 10:00~20:00
전화번호: +81 48 731 6711
홈페이지: mitsui-shopping-park.com/lalag-kawaguchi

· 사이타마시 ·

도쿄의 북쪽을 담당하는 사이타마시(さいたま市)의 인구는 무려 100만 명으로 일본에서 9번째로 인구가 많은 도시이다. 사이타마현의 현청 소재지인 사이타마시는 한국인 관광객에게는 그다지 매력적이지 않게 느껴질 수도 있다. 특히나 사이타마현에는 유명 관광지인 가와고에시나 짱구 마을 가스카베시가 있기 때문에 사이타마시에는 큰 매력을 느끼지 못할 수 있다. 하지만 사이타마시는 인구가 많은 대도시일 것 같은 이미지와는 달리 일본 사람들의 진짜 사는 모습을 볼 수 있는 도시이기에 추천한다.

사이타마시
철도 박물관

오미야역에서 도보 20분 정도 거리에 있는 사이타마시 철도 박물관은 철도 덕후와 관광객 모두가 즐길 수 있는 곳이다. 2007년 개관한 이 박물관은 일본 철도의 과거, 현재, 미래를 테마로 깔끔하게 정리된 수많은 열차를 관람할 수 있는 이색적인 관광지이다. 유서 깊은 자료들이 많을 뿐만 아니라 박물관 내부 1층에는 36량의 실제 기차도 전시하고 있다. 몇몇 기차를 제외하고는 열차 내부도 구경할 수 있어 과거로 시간여행을 하는 느낌과 동시에 미래적인 분위기를 함께 느낄 수 있다. 2층은 전시된 기차들을 내려다볼 수 있는 구조이며 열차를 콘셉트로 한 식당도 있다. 철도의 역사를 볼 수 있는 시대별 기차 모델 전시와 철도의 미래를 고민하게 하는 전시관들을 둘러보며 철도의 다양한 매력을 느낄 수 있다.

주소: 3 Chome-47, Omiya Ward, Onaricho 330-0852
맵코드: 14 029 166*83
운영시간: 10:00~17:00/매주 화요일 휴무
입장료: 1,500엔
전화번호: 048-651-0088
홈페이지: railway-museum.jp

히카와 신사

2,400년 이상의 역사를 지닌 히카와 신사(氷川神社)의 정식 명칭은 무사시 이치노미야 히카와 신사로 과거부터 사이타마현의 중요한 신사였다. 오미야역에서 도보 20분 정도 걸으면 도착하는 곳으로 입구에 웅장하게 서 있는 도리이(일본 신사 입구에 세워져 있는 문)에서 약 20분 정도 걷다 보면 본당에 도착한다. 제신(제사로 모시는 신)은 일본의 해신인 스사노오와 이나다히메노, 오오나무치노미코토이다. 매년 200만 명 이상이 방문하는 새해 첫 참배로 유명한 곳이다.

주소: 〒330-0803 Saitama, Omiya Ward, Takahanacho, 1-407
맵코드: 3 570 598*66
운영시간: 06:00~17:00
입장료: 무료
홈페이지: musashiichinomiya-hikawa.or.jp

오미야 파크주

히카와 신사를 감싸고 있는 오미야 공원은 느티나무를 비롯한 40종 이상의 고목이 약 2km 정도 펼쳐져 있어 여행에 지친 사람들이 편하게 쉬다 갈 수 있는 도심 속 힐링 스폿이다. 공원 주변엔 작은 동물원인 오미야 파크주(小動物園)가 있다. 입장료가 무료인 데다 흑곰과 하이에나 같은 동물들도 만나볼 수 있어 둘러보는 재미가 있다. 일정이 여유롭다면 신사와 함께 방문하기 좋은 곳이다.

주소: 4 Chome Takahanacho, Omiya Ward, Saitama 330-0803
맵코드: 3 571 757*07
운영시간: 10:00~16:00/매주 월요일 휴무
입장료: 무료
전화번호: 048-641-6391
홈페이지: parks.or.jp/omiyazoo

호텔 우타타네

오미야역에서 도보 40분 정도로 제법 거리가 있는 곳이지만 그럼에 도 이곳 호텔 우타타네(おふろ café utatane)를 추천하는 이유가 있다. 만화방과 온천을 합쳐 놓은 것 같은 이 호텔은 식사를 할 수 있는 식 당과 무료로 사용할 수 있는 드링크 바, 책방, 마사지 의자 등 내부 시설이 다양하다. 숙박 외에 시간제 이용도 가능해 굉장히 합리적 인 가격에 시설을 즐길 수 있다. 일본 평균 숙박비가 비싼 요즘 같 은 때에 사이타마시 중심에 있는 이 호텔은 저렴하게 여행을 즐기 고 싶은 관광객에게 도움이 될 것이다.

주소: 4 Chome-179-3 Onaricho, Kita Ward, Saitama 331-0815
맵코드: 14 029 789*60
가격: 숙박(1박) 6,000엔부터, 평일 이용권(14시간) 1,400엔, 심야 요금제(9시간) 1,600엔
전화번호: 048-856-9899
홈페이지: ofurocafe-utatane.com

에도 시대의 모습을 그대로 간직한 곳
옛 골목의 분위기가 매력적인 도시 가와고에

사이타마현 남서부에 위치한 작은 도시 가와고에시(川越市)는 일본에서는 '작은 에도'라 불리는 곳으로 이름에 걸맞게 옛 에도 시대 (1600~1800년대 중반)의 분위기를 간직한 지역이다. 일본에서 교토 다음으로 시간여행을 하는 듯한 느낌을 받을 수 있는 곳으로 전통적인 느낌이 살아있다. 도쿄와 가까운 근교 도시 중 옛 일본의 감성을 느낄 수 있는 곳은 많지 않은데, 현재와 과거의 조화가 아름다워 관광객의 니즈를 자극하는 도시가 바로 이곳이다.

최근 도쿄 근교 소도시 여행이 각광받고 있어 가와고에시도 큰 주목을 받고 있으며 도쿄에서 기차로 1시간 정도 거리이기 때문에 당일치기 일정으로도 추천하는 곳이다. 특히 관광지 간의 거리가 가깝고 대부분이 평지라 느긋하게 산책하며 관광하기 좋다. 에도 시대의 건물들을 보고 골목의 옛 분위기를 느끼는 것만으로도 이곳에 방문할 이유는 충분하다.

기타인 사찰

830년에 지어진 기타인(喜多院)은 사이타마현 전체를 대표하는 사찰로 일본에서 전국적으로 유명한 곳이다. 일본의 3대 나한(아라한의 줄임말로 수행을 통해 번뇌를 끊고 영원한 지혜를 얻은 자를 뜻한다) 중 하나로 일컬어지는 고햐쿠라칸(五百羅漢)을 볼 수 있는 곳이다. 가와고에역에서 도보 20분이면 방문할 수 있는 곳으로 마을을 구경하기 전 먼저 둘러보는 것을 추천한다. 사찰 입구에 아기자기한 작은 가게들이 있어 전통 문화에 관심이 없더라도 둘러보기 좋다.

주소: 〒350-0036 Saitama, Kawagoe, Kosenbamachi, 1 Chome-2 0-1
맵코드: 5 884 631·14
입장료: 무료
전화번호: 049-222-0859
홈페이지: kitain.net

Tour 2

쿠라즈쿠리
전통 가옥 거리

가와고에역에서 30분 정도 걷다 보면 나오는 쿠라즈쿠리 거리(蔵造りの町並み)는 최근 도쿄 근교 여행을 계획하는 사람들이 늘면서 붐비기 시작한 곳이다. 한때 일본에서 거듭되는 대규모 화재로 인해 나무 대신 흙으로 지은 집이 유행한 적이 있었는데 그때의 형태를 그대로 유지한 집들이 많아 당시 분위기를 느낄 수 있다. 가장 오래된 곳은 1792년 건축됐을 정도로 과거 에도 시대의 매력을 변함없이 간직한 곳이다. 특산품으로 고구마가 유명해 고구마로 만든 다양한 간식을 만날 수 있다는 점도 이곳만의 매력이다.

주소: Saiwaicho, Kawagoe, Saitama 350-0063
맵코드: 14 013 400*50
입장료: 무료
홈페이지: kawagoe-ichibangai.com

가와고에
히카와 신사

가와고에 여행지 중 개인적으로 가장 추천하는 곳이다. 히카와 신사(氷川神社)는 가와고에에서 가장 오래된 신사로 기원전 5세기, 지금으로부터 약 1,500년 전에 만들어졌다. 일본에서도 최대 규모인 15미터 크기의 도리이가 있는 것으로 유명하다. 거대 도리이를 만날 수 있는 것만으로도 방문 가치는 충분하지만 이곳을 방문하는 진짜 이유는 제신인 오나무치노미코토 때문이다. 가정의 평화와 인연의 신을 모시는 곳이라 실제로 이곳에서 결혼하는 부부의 모습도 자주 볼 수 있다.

주소: 〒350-0052 Saitama, Kawagoe, Miyashitamachi, 2 Chome-1 1-3
맵코드: 14 014 810•02
운영시간: 08:00~16:30
전화번호: +81 49 224 0589
홈페이지: kawagoehikawa.jp

가나가와현
한눈에 보기

가나가와현(神奈川県)은 도쿄 남쪽에 위치한 바닷가 현으로 도시와 자연이 조화를 이루는 곳으로 유명하다. 우리가 도쿄 근교 여행지로 잘 알고 있는 가마쿠라와 하코네도 이곳에 속한다. 연평균 기온이 16도로 온화한 편이라 사계절 내내 여행하기 좋은 기후를 가지고 있다.

가마쿠라시

간토

· 가마쿠라시 ·

만화 《슬램덩크》 성지
바다 앞 전철 풍경이 아름다운 도시 가마쿠라

《슬램덩크》로 더욱 유명해진 가마쿠라시(鎌倉市)는 도쿄에서 1시간 정도 거리에 있는 곳으로 가나가와현에 속해 있으며 해수욕장과 인근 섬인 에노시마가 유명하다. 나라나 교토 같은 간사이 지방의 도시만큼 역사가 길지는 않지만 간토 지방에서 가장 오래된 역사를 간직하고 있다. 교통이 발달되어 있는 동시에 한적하고 경치가 좋아 일본 부유층이 많이 거주하고 있다. 도쿄와 접근성이 좋다 보니 《슬램덩크》 팬들을 중심으로 많은 관광객이 몰려드는 여행지다.

Tip

오후 6시 이후엔 대부분의 상점이 문을 닫아 해 진 후 방문할 곳이 마땅하지 않다. 때문에 가마쿠라에서 숙박하는 것보다는 도쿄에서 아침 일찍 출발하여 충분히 둘러본 후 오후에 다시 도쿄로 돌아가는 일정을 추천한다. 당일치기로 가마쿠라를 방문한 뒤 도쿄로 돌아가는 코스로 일정을 짜 소중한 시간을 알차게 써 보자.

에노시마역

가마쿠라에서 가장 유명한 것은 시 전체를 관통하는 에노시마 전철로 통칭 '에노덴'이라 불린다. 에노덴은 3량밖에 되지 않는 짧은 열차로 작은 골목길이나 해안가 주변을 달린다. 창가 너머로 보이는 좁은 골목길이나 바닷가를 바라보고 있으면 애니메이션의 한 장면 속으로 들어온 듯한 착각이 든다. 편도 40분 정도의 짧은 노선이니 1일 승차권인 노리오리쿤을 구매했다면 주요 명소를 둘러본 뒤 각 노선을 모두 체험해보는 걸 추천한다.

주소: 〒251-0035 Kanagawa, Fujisawa, Katasekaigan, 1 Chome-4-7
맵코드: 15 208 836•22
운영시간: 05:20~11:37
가격: 성인 800엔, 어린이 400엔
홈페이지: enoden.co.jp

고시고에역

고시고에역(腰越駅)에선 우리나라에서 흔히 볼 수 없는 노면 전차를 관찰할 수 있다. 역도 개방되어 있어 소도시 감성의 사진을 찍기 정말 좋은 곳이다. 레일을 따라 자동차와 함께 달리는 열차 밖 풍경을 보며 일본 소도시의 매력을 느낄 수 있고, 철로 주변을 걷다 보면 수많은 집들 사이로 지나가는 전철을 구경하는 재미도 쏠쏠하다.

주소: 2-Chome-14 Koshigoe, Kamakura, Kanagawa 248-0033
맵코드: 15 209 556*11

코코마에역

가마쿠라 관광객 10명 중 9명이 이곳을 방문한다고 해도 과언이 아
닐 정도로 유명한 스폿이다.《슬램덩크》오프닝은 물론 농구부원들
이 이동할 때도 자주 등장하는 곳이 이곳 코코마에역(高校前駅)이다.
특히 걸어서 3분 정도 거리에 있는 가마쿠라 고등학교 앞 1호 건널
목에서는 바다가 한눈에 보이기 때문에 애니메이션을 좋아하지 않
더라도 특별한 경험을 원하는 이들이 많이 방문한다. 사진을 찍으
려는 관광객들로 항상 북적이는 곳이라 이른 아침이나 늦은 오후에
방문하는 것을 추천한다.

주소: 1-Chome-1 Koshigoe, Kamakura, Kanagawa 248-0033
맵코드: 8 180 373*06

에노시마

가마쿠라의 관광지로 흔히 소개되는 에노시마(江の島)는 정확히는 후지사와시에 속하지만 가마쿠라와의 접근성이 좋아 이곳을 방문할 때 함께 둘러보면 좋은 필수 코스이다. 이곳은 섬이지만 육지와 바로 연결되어 있어 버스나 택시를 타고 들어갈 수 있지만 걸어서 10분 정도 거리라 시간이 괜찮다면 바다를 보며 천천히 걷는 걸 추천한다. 자연 관광지인 에노시마는 낚시나 스쿠버다이빙을 즐길 수 있는 명소로 사랑받고 있다. 날씨가 좋은 날에는 바다 너머로 후지산이 보이니 운이 좋다면 더욱 멋진 풍경과 만날 수 있다.

주소: 1 Chome-14-5 Katasekaigan, Fujisawa, Kanagawa 251-0035
맵코드: 15 178 422·43

Tour 5

에노시마 신사

에노시마의 대표 관광지인 에노시마 신사(江島神社)는 552년 건설되었다. 현재는 헤스미야(辺津宮)·나카쓰미야(中津宮)·오쿠쓰미야(奥津宮) 이렇게 세 개의 궁으로 나뉘어 있으며 칠본신 중 하나인 벤자이텐(물을 관장하는 인도의 신)을 모시는 신사로 유명하다. 신사 앞에는 오래된 상점들과 다양한 기념품 숍이 있다. 신사로 올라가는 길의 경사가 높아 운동화 착용을 추천한다.

주소: 2 Chome-3-8 Enoshima, Fujisawa, Kanagawa 251-0036
맵코드: 15 177 598*88
운영시간: 08:30~17:00
전화번호: +81 466 22 4020
홈페이지: enoshimajinja.or.jp/hetsumiya

도쿄도
한눈에 보기

도쿄도(東京都)는 일본의 수도이자 세계적인 대도시이다. 고층 건물이 즐비한 신주쿠와 시부야 같은 번화가부터 옛 정취를 간직한 아사쿠사까지 다양한 풍경이 공존한다. 인구 밀도가 높고 늘 활기로 가득하지만 골목 하나만 들어서도 조용한 공간이 펼쳐지기도 하는 매력적인 도시이다.

아네센

간토

• 야네센 •

정겨운 골목길과 소담스러운 가게들이 가득한 곳

고즈넉하고 차분한 도시 야네센

도쿄에서도 가장 화려한 곳인 신주쿠나 하라주쿠, 시부야 일대를 돌아다니다 보면 가끔은 고즈넉하고 차분한 시간이 그리울 때가 있다. 이때 방문하기 좋은 곳이 바로 야네센(谷根千)이다. 야네센은 야나카시, 네즈시, 센다기시를 묶어 부르는 애칭으로 좁다란 골목길과 소담스러운 상점들이 즐비해 있으며 일본인보다 외국인에게 더 인기가 있는 곳이다. 특히 예쁜 카페와 다양한 편집숍, 골목길 놀이터나 정겨운 거리를 보고 있으면 도쿄가 아닌 소도시에 와 있는 것 같이 느껴지기도 한다. 접근성이 좋아 야네센을 구경한 다음 스카이트리나 신주쿠, 아키하바라 쪽으로 이동하기도 편하다.

Tip

야네센은 3개의 시가 합쳐진 곳인 만큼 규모도 크고 볼거리가 많다. 특히 거리 곳곳에는 감성적인 편집숍이나 옷가게, 카페 등이 숨어 있어 골목을 걷는 재미가 있다. 보통 야네센에 오면 야나카 긴자 정도만 방문하는 경우가 많은데 야나카 긴자부터 네즈 신사까지 이동하는 거리가 정말 아름다우니 꼭 방문해보길 권한다. 네즈 신사로 가는 길에 언덕을 만나게 되는데 그곳에서 내려다보는 거리의 모습이 참 매력적이다.

닛포리역

닛포리역(日暮里驛)은 도쿄도 다이토구에 위치한 교통의 중심지이다. 이 역은 JR 야마노테선, 게이세이선, 그리고 도쿄 지하철이 교차하는 지점으로 도쿄 내 다양한 지역으로의 접근이 용이하다. 특히 닛포리역 주변엔 일본의 전통적인 모습을 간직한 상점들이 많아 현대적인 느낌과 옛 정취가 어우러진 이곳만의 독특한 분위기를 즐길 수 있다. 교통의 편리함과 더불어 다양한 문화와 매력을 동시에 느낄 수 있어 추천하는 곳이다.

주소: 2 Chome Nishinippori, Arakawa City, Tokyo
맵코드: 797 895*47
전화번호: +81 3 3891 4289
홈페이지: jreast.co.jp/estation/stations/1184.html

네즈 신사

야네센에 방문했다면 이곳에 있는 네즈 신사(根津神社)도 함께 방문해보자. 터널처럼 줄지어 선 이곳의 도리이는 도리이로 가장 유명한 교토의 후시미이나리 신사를 떠오르게 할 만큼 아름답다. 네즈 신사는 일본에서도 진달래 명소로 유명한 곳이니 꽃이 피는 4월 무렵 이곳을 방문하면 더욱 좋다. 도쿄의 신사들은 대개 관광객으로 가득하지만 이곳은 다른 곳보다 방문객 수가 적은 편이라 천천히 구경하기 좋은 곳이다. 운이 좋은 날에는 도리이 사이를 유유자적 지나다니는 거북이도 함께 볼 수 있어 특별한 경험으로 기억하기 좋은 곳이다.

주소: 1 Chome-2-2 Yayoi, Bunkyo City, Tokyo 113-0031
맵코드: 796 020*38
운영시간: 05:00~18:00
전화번호: +81 3 3822 0753
홈페이지: nedujinja.or.jp

야나카 긴자

야나카 긴자(谷中銀座)는 고양이로 유명한 관광지이다. 1950년대부터 이어져 온 60여 개의 상점과 음식점 그리고 고양이 관련 소품숍이 가득하다. 오랜 역사를 간직해 온 만큼 이곳 상점가를 방문하면 1950년대 일본 특유의 분위기를 느낄 수 있다. 다양한 먹거리와 귀여운 고양이 카페가 있어 고양이와 관련된 특유의 로컬 문화가 있는 곳을 방문하고 싶다면 이곳을 적극 추천한다. 또한 야나카 긴자는 도쿄에서도 손에 꼽히는 일몰 명소이다. 상점가 끝에 위치한 계단 유야케단단(夕焼けだんだん)은 태양이 지는 방향으로 기울어져 있어 아름다운 일몰을 감상하기 좋은 스폿이다.

주소: 3 Chome-13-1 Yanaka, Taito City, Tokyo 110-0001
맵코드: 797 848•57
운영시간: 09:30~24:00
홈페이지: yanakaginza.com

르 쿠시네

프랑스식 빵집 르 쿠시네(Le Coussinet)는 맛있는 빵만큼이나 특별한 인테리어를 자랑한다. 늦봄에서 초여름 사이에 방문했는데 입구는 물론 지나는 거리까지 등나무로 뒤덮여 있어 몽환적인 분위기를 자아낸다. 이곳의 대표 메뉴는 슈크림 빵으로 매일 화덕에서 구운 신선한 빵을 판매한다. 맛도 맛이지만 압도적인 크기에 놀라고 합리적인 가격에 또 한번 놀랐다. 같이 판매하는 케이크도 맛있으니 달콤한 디저트가 생각날 때 방문해보자.

주소: 2 Chome-34-24 Nezu, Bunkyo City, Tokyo 113-0031
맵코드: 797 061•01
운영시간: 12:00~21:00(14:00~18:00 브레이크타임)/매주 일요일과 공휴일은 휴무
가격: 슈크림 빵 330엔, 케이크 440엔부터

넨네코야

넨네코야(ねんねこ家)는 야나카에 위치한 고양이 전문 상점이다. 이 곳은 고양이를 사랑하는 이들에게 천국 같은 공간으로 가정집을 개조해 만든 곳이라는 점이 매력적이다. 음료와 식사 메뉴도 있어 간단히 끼니를 해결할 수 있고 숙박도 가능하다. 고양이 관련 상품과 선물이 가득하며 고양이와 교감하며 음식을 즐길 수 있기에 더욱 특별한 경험이 될 수 있다. 다만 운영시간이 자주 바뀌기 때문에 방문 전 확인이 필요하다.

주소: 2 Chome-1-4 Yanaka, Taito City, Tokyo 110-0001
맵코드: 797 099*70
가격: 5,500엔부터
전화번호: +81 3 3828 9779
홈페이지: nennekoya.com

군마현
한눈에 보기

군마현(群馬県)은 도쿄 북서쪽에 있는 내륙 지역으로 아름다운 자연 경관과 온천이 유명하다. 구사쓰, 이카호와 같은 전통 온천 마을이 많아 조용한 휴식을 원하는 여행자들에게 적합하다. 산과 강이 많은 지형으로 사계절의 변화가 뚜렷하게 느껴지는 곳이다.

구사쓰마치

시부카와시

다카사키시

간토

온천을 즐기며 예쁜 야경을 볼 수 있는 곳
따뜻한 온천의 도시 구사쓰마치

도쿄에서 버스를 타고 2시간 정도 이동하면 군마현의 구사쓰마치(草津町)에 도착한다. 구사쓰마치는 온천 마을로 불릴 만큼 온천으로 유명한 곳이다. 이곳의 메인이라 할 수 있는 구사쓰 온천은 1,000미터 정도의 높은 고도에 위치해 있어 여름에는 시원하게, 겨울에는 눈 덮인 산을 바라보며 온천을 즐길 수 있다. 이곳 온천수의 원천인 구사쓰 시라네산이 아직까지 분화 활동을 하고 있어 일 년 내내 최고 온도 90도에 육박하는 뜨거운 온천수가 뿜어져 나온다. 그래서 이곳 온천은 온천수를 가두고 데우는 일반적인 방식이 아닌 고온의 온천수를 식혀서 사용하는 방식으로 운영된다. 작은 마을 전체에 온천에서 나는 황화수소 냄새가 가득한 것도 이곳만의 특징이다.

Tip

구사쓰 온천은 군마현은 물론 일본 전체를 대표하는 온천 중 하나이다. 도쿄 여행을 즐기다 전통적인 스타일의 온천도 방문하고 싶다면 이곳을 추천한다. 특히 구사쓰 온천은 눈 내리는 밤 풍경이 정말 아름답다. 크리스마스 시즌에는 거대한 트리도 볼 수 있어 겨울에 방문하는 것을 추천한다.

유바타케

유바타케(湯畑)는 구사쓰 온천 마을의 대표적인 상징과도 같은 곳이다. 구사쓰 온천의 원천 중 하나로 매분마다 4,000리터의 자연 온천수가 나오며 이곳에서 흐르는 물은 산성도가 높아 살균 효과도 뛰어나다. 원천의 온도는 최대 90도에 육박하기 때문에 목제 틀에서 물을 식힌 후 사용한다. 유바타케에서는 온천수가 폭포처럼 떨어지는 풍경을 볼 수 있으며, 이곳에서 나오는 물은 근처 료칸과 호텔로 흘러 들어가 온천수로 사용된다.

주소: 401 Kusatsu, Agatsuma District, Gunma 377-1711
맵코드: 341 446 359•01
운영시간: 24시간
입장료: 무료
전화번호: +81 279 88 7188
홈페이지: kusatsu-onsen.ne.jp/portal/

네쓰노유

원천수가 뜨겁기로 유명한 구사쓰 온천은 다른 온천과 달리 온도를 낮추는 과정이 필요한데, 이때 전나무를 활용해 물을 식히는 방식을 유모미(湯もみ)라고 한다. 에도 시대부터 전해지는 전통적인 방법으로 180센티미터 정도 크기의 전나무 판을 원천수에 넣고 휘저어 온도를 낮추고 물을 부드럽게 한다. 유바타케 바로 옆에 있는 네쓰노유(熱乃湯)는 유모미 전통 공연이 펼쳐지는 공연장이다. 1960년부터 이어진 유모미 전통 공연은 다른 온천에서는 볼 수 없는 구사쓰 온천만의 특별한 공연이니 관람하길 추천한다.

주소: 414 Kusatsu, Agatsuma District, Gunma 377-1711
맵코드: 341 446 328*25
운영시간: 09:30~17:00
가격: 대인 600엔, 소인 300엔
전화번호: +81 279 88 3613
홈페이지: kusatsu-onsen.ne.jp/netsunoyu/

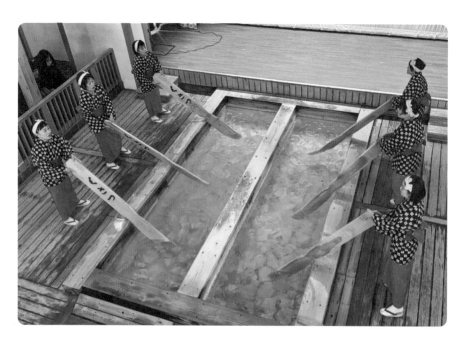

Tour 3

유타키 거리

구사쓰 온천 북서쪽에 위치한 유타키 거리엔 일본 각지에서 온 관광객을 위한 음식점과 관광 상품 판매점이 줄지어 있다. 한국인들이 좋아하는 지브리숍이나 리락쿠마 굿즈 숍 등에는 구사쓰 온천과 컬래버레이션한 상품을 판매한다. 원숭이가 직접 유모미를 하는 오사유 행사 등 이색적인 볼거리가 많아 온천을 다양하게 즐길 수 있다.

주소: 377 Kusatsu, Agatsuma District, Gunma 377-1711
맵코드: 341 446 419*07
운영시간: 24시간
입장료: 무료

코센지

유바타케 북쪽, 도보 약 5분 거리에 위치한 코센지(光泉寺)는 1200년 대에 지어진 구사쓰 온천을 대표하는 불교 사찰이다. 화려한 조명으로 유명한 유바타케에 근접해 있는 사찰답게 코센지 또한 밤에는 계단과 오층탑에 조명이 아름답게 비추니 낮보다는 밤에 방문하는 것을 추천한다. 밤에 방문할 때는 계단을 오르내릴 때 조심해야 하는 부분도 있지만 유바타케와 구사쓰 마을이 전부 보이는 멋진 야경을 볼 수 있는 곳이라 추천한다.

주소: 446 Kusatsu, Agatsuma District, Gunma 377-1711
맵코드: 341 446 234*06
운영시간: 09:00~17:00
입장료: 무료
전화번호: +81 279 88 2224
홈페이지: kusatsu.ne.jp/kousenji

Stay 1

키리시마야 료칸

유바타케의 화려한 야경을 보기 위해서라도 이 지역에 하루 정도 묵는 것이 좋다. 온천과 숙박이 모두 가능한 키리시마야 료칸(桐島屋旅館)은 에도 시대 때부터 명맥을 이어온 곳으로 구사쓰 온천의 중심인 유바타케에서 도보 10분 정도 거리에 있다. 기본 숙박비에 1,000엔을 추가하면 일본 가정식 스타일의 조식을 먹을 수 있어 든든하게 하루를 시작할 수 있다.

주소: 〒541 Gunma, Agatsuma District, Kusatsu 377-1711
맵코드: 341 447 455+23
운영시간: 체크인 14:00~22:00, 체크아웃 10:00
가격: 27,000엔부터(성인 2인 1박 기준)
전화번호: +81 279 88 2871
홈페이지: shiriyaki.com

군마현의 중심에 위치한 시부카와시(渋川市)는 도쿄에서 전철로 약 2시간 거리에 위치한 곳으로 도심 중심부는 작은 시골 마을 같은 느낌이지만 이곳만의 특별한 온천이 유명한 관광지이다. 군마현의 온천은 앞서 소개한 구사쓰마치의 구사쓰 온천과 이곳의 이카호 온천(伊香保温泉)이 대표적이다. 작은 도시라 스쳐 지나가기 쉬운 이곳은 오래된 시간이 고스란히 남아있고 다른 곳에서는 경험하지 못할 다양한 이야기들을 담고 있어 군마현의 이색 여행지로 추천한다.

이카호
온천 마을

시부카와역에서 버스로 약 30분 거리에 위치한 이카호 온천 마을(伊香保温泉村)엔 365개의 돌계단을 따라 전통 료칸과 온천탕이 늘어서 있다. 이곳 온천수는 철분이 풍부해 황금빛을 띠는 게 특징인데 일본에선 이런 물을 고가네노유(黄金の湯)라고 부른다. 계단을 따라 올라가다 보면 잠시 쉬어갈 수 있는 공간이 많고 무료로 족욕을 즐길 수 있는 곳도 있다. 각종 간식을 파는 작은 가게와 카페, 밤에도 즐길 수 있는 이자카야 등 다양한 상점들이 즐비해 있어 많은 사람이 찾는 곳이다.

주소: 76-5 Ikahomachi Ikaho, Shibukawa, Gunma 377-0102
맵코드: 94 875 371*54
운영시간: 24시간
전화번호: 0279-72-3151
홈페이지: ikaho-kankou.com

이카호 신사

이카호 온천 마을에선 1,300년의 역사를 자랑하는 이카호 신사(伊香保神社)를 만날 수 있다. 방문객들은 이곳에서 온천이 주는 휴식과 신성한 분위기를 동시에 즐길 수 있다. 신사 주변이 숲으로 둘러싸여 있어 고요하고 평화로운 분위기를 즐길 수 있고 365개나 되는 높은 계단 위에 신사가 있어 위에서 내려다보는 아름다운 자연 경관이 인상적이다. 치유와 건강을 기원하는 장소로 유명하며 신사 옆에 사랑의 종이 있어 함께 종을 울리면 둘의 사랑이 이뤄진다는 전설이 있다.

주소: 1 Ikahomachi Ikaho, Shibukawa, Gunma 377-0102
맵코드: 94 875 128•76
운영시간: 24시간
전화번호: 0279-72-2351

우사부로 코케시 이카호 카페 & 갤러리

이카호 온천 계단의 중간쯤 위치한 우사부로 코케시 이카호 카페 &
갤러리(卯三郎こけし 伊香保 カフェ&ギャラリー)는 여느 카페와는 조금 다른
곳이다. '코케시(こけし)'라는 이름의 일본 전통 목각 인형을 볼 수 있
는 곳으로 1층은 코케시를 전시하는 갤러리이고 2층은 조용하고 아
늑한 카페 공간이라 편안하게 음료를 즐길 수 있다. 갤러리에는 다
양한 코케시를 전시하는데 전통 코케시는 물론 애니메이션 캐릭터
를 본떠 만든 코케시도 있어 재미있게 둘러볼 수 있다.

주소: 50-3 Ikahomachi Ikaho, Shibukawa, Gunma 377-0102
맵코드: 94 875 252•50
운영시간: 09:30~16:30/매주 수요일 휴무
가격: 카페라테 700엔
전화번호: 050-8888-0850
홈페이지: usaburokokeshi.com

이카호 장난감 인형 자동차 박물관

이카호 온천 마을에서 도보 약 20분 거리에는 이카호 장난감 박물관(伊香保おもちゃと人形自動車博物館)이 있다. 쇼와 시대(1926~1989)가 그대로 재현되어 있어 우리에게 익숙한 오래된 일본 애니메이션 캐릭터와 정겨운 간판이 자아내는 분위기가 눈길을 끈다. 복원에 힘쓴 느낌이 묻어 나는 물건이 가득해 절로 눈이 휘둥그레진다. 안쪽으로 들어갈수록 특유의 분위기가 더 진해지는데 애니메이션 〈이니셜D〉 주인공의 집과 자동차 등을 실제 사이즈로 제작해 두었으며 수백 대의 오래된 자동차와 스포츠카 등이 전시되어 있다. 조금 더 안쪽으로 들어가면 '아메리카 빌리지'라는 이름의 별도 전시 공간이 있는데 1980년대의 다양한 영화 포스터가 가득해 분위기를 잘 살려 놓았다. 안쪽에는 세계 주류를 체험할 수 있는 공간도 준비되어 있으니 일본의 예전 분위기를 좋아하는 사람이라면 꼭 방문하길 추천한다.

주소: 2145 Kaminoda, Yoshioka, Kitagunma District, Gunma 370-3606
맵코드: 94 761 260*68
운영시간: 09:00~17:00(입장 마감: 16:00)
입장료: 어른 1,300엔, 중·고등학생 900엔, 초등학생 450엔
전화번호: 0279-55-5020
홈페이지: ikaho-omocha.jp/

だるまの詩

· 다카사키시 ·

간토 지방의 북서쪽, 군마현에서 나가노현으로 넘어가는 길목 끝에 있는 다카사키시(高崎市)는 현청 소재지인 마에바시시보다도 많은 인구가 거주하고 있으며 마에바시시와 라이벌 구도에 있다. 도쿄에서 약 1시간 거리에 위치해 신칸센을 이용한다면 당일치기로 둘러볼 수 있다. 봄에 방문하면 아름다운 매화와 우거진 나무들을 볼 수 있는 곳으로 지역 대부분이 평지라 걸어서 관광하기에도 좋은 도시이다.

지겐인 절

다카사키역 앞에서 버스를 타고 30분 정도 걸리는 지겐인 절(慈眼院)은 다카사키시의 가장 유명한 관광지로 이 지역의 랜드마크라고 할 수 있다. 이곳엔 시내에서도 보이는 거대한 관음상이 있는데 높이가 41.8미터, 무게는 약 6천 톤 정도의 크기를 자랑한다. 관음상 안쪽엔 20여 개의 불상이 있고 계단을 통해 높은 곳으로 올라가면 넓은 평야를 볼 수 있는 전망대가 있다. 절로 올라가는 길에는 애니메이션 영화 〈이웃집 토토로〉에 나올 것 같은 가게들이 줄 서있기 때문에 주변을 천천히 둘러보는 걸 추천한다.

주소: 2710-1 Ishiharamachi, Takasaki, Gunma 370-0864
맵코드: 94 193 813*75
운영시간: 3~10월 09:00~17:00, 11~2월 09:00~16:30
입장료: 성인 300엔, 중학생 이하 100엔
전화번호: 027-322-2269
홈페이지: takasakikannon.or.jp

소림산
다루마 절

군마야와타역에서 도보 10분 정도 거리에는 소림산 다루마 절(少林山達磨寺)이 있는데, 일본에서 가장 유명한 달마인 다카사키 연기달마가 이곳에서 탄생했다. 5분 정도 계단을 오르면 수많은 다루마(달마 대사의 얼굴을 그려 넣은 장식물)를 모아둔 곳이 있는데 오르기에 부담 없는 경사이기 때문에 방문해보는 걸 추천한다. 이곳에서 구매할 수 있는 연기다루마는 소원을 빌 수 있는 다루마로 소원하는 마음을 담아 오른쪽 눈을 그리고 1년이 지나 소원한 것이 이뤄지면 왼쪽 눈을 그려 넣는 전통이 있다.

주소: 296 Hanadakamachi, Takasaki, Gunma 370-0868
맵코드: 94 280 216*27
운영시간: 09:00~17:00
입장료: 무료
전화번호: 027-322-8800
홈페이지: daruma.or.jp

Tour 3

미사토 우메 공원

미사토 우메 공원(みさと梅公園)은 다카사키시 북서쪽에 있는 공원으로 현지 주민들 사이에서 매화가 아름다운 공원으로 유명하다. 이곳 산책로엔 산을 수놓은 드넓은 매실 밭과 벚꽃 나무가 있어 겨울이 끝나는 3월 초쯤 방문하는 것을 추천한다. 약 10만 그루의 매화가 2월에서 3월 하순까지 피고 이때 수만 명의 관광객이 이 공원을 찾는다. 특히 이 시기에는 미사토 우메 축제(みさと梅まつり)가 열려 지역 특산품인 우메(매실)와 우메로 만든 여러 가지 제품을 판매한다.

주소: 〒370-3112 Gunma, Takasaki
맵코드: 94 517 733*75
운영시간: 24시간
입장료: 무료
전화번호: 027-371-9065

도치기현
한눈에 보기

도치기현(栃木県)은 간토 북부를 담당하고 있는 지역으로 일본에서는 드물게 바다가 접해 있지 않은 내륙 현이다. 인구는 190만 명 정도로 북쪽에는 산이 많고 남쪽으로는 수도인 도쿄가 인접해 있어 수도권 근교 지역으로 볼 수 있다.

닛코시

우츠노미야시

도치기시

간토

· 닛코시 ·

닛코시(日光市)는 도쿄의 아사쿠사에서 북쪽으로 약 2시간 거리에 있는 도시이다. 도치기현에서 가장 유명한 지역으로 인구는 8만 명 정도이지만 도치기현 관광의 절반 이상을 차지할 정도로 관광산업의 비중이 큰 곳이다. 도치기현은 몰라도 닛코시는 알 정도로 관광에 특화된 도시인데 특히 유네스코 세계유산으로 지정되어 있는 닛코 동조궁이 있어 매년 수많은 외국인 관광객이 이곳을 방문한다.

닛코 동조궁

닛코 동조궁(日光東照宮)은 유네스코 세계문화유산으로 등재되어 있어 외국인 관광객에게 인기가 많은 곳이다. 이곳엔 대표 조각상 3가지가 있는데 우선 동조궁 안 신큐샤(神廐舍)의 세 마리 원숭이 상 산자루가 있다. '나쁜 것을 말하지 말고 듣지 말고 보지도 말라'는 의미를 가진 세 원숭이 키카자루, 이와자루, 미자루 조각상은 이모티콘(🙊🙈🙉)의 모티브가 될 정도로 아주 유명하다.

바로 뒤편엔 코끼리 상이 있는데 코끼리를 한 번도 보지 못한 조각가가 상상만으로 조각해 만든 특이한 조각상이다. 그래서 자세히 보면 발톱이 길거나 꼬리가 여러 갈래로 있는 등 우리가 흔히 아는 실제 코끼리의 모습과는 조금 다르다. 마지막 조각상은 잠자는 고

양이 상으로 이름 그대로 평화롭게 잠을 자고 있는 고양이 상으로 해석할 수 있지만 반대로 언제든 공격할 준비가 되어 있다는 뜻으로 해석하기도 한다. 이외에도 1,000킬로미터나 떨어진 후쿠오카에서 가져온 이시도리이와 오중탑 등 볼거리가 풍부하다. 도쿄 외곽 지역 소도시 여행을 하고 싶은 사람에게 적극 추천하는 곳이다.

주소: 2301 Sannai, Nikko, Tochigi 321-1431
맵코드: 367 312 517*24
운영시간: 09:00~17:00
입장료: 성인 1,600엔, 초·중학생 550엔
전화번호: 0288-54-0560
홈페이지: toshogu.jp

윤왕사 보물전

닛코시 중심에 위치한 윤왕사 보물전(輪王寺宝物殿)은 닛코산의 역사와 문화유산을 집약적으로 보여주는 공간이다. 윤왕사가 있는 닛코산은 1,000년 이상의 역사를 간직한 전통적인 불교 성지이다. 이곳 보물전엔 국보나 중요문화재로 지정된 3만 점 이상의 문화유산이 있어 일본 불교의 역사와 예술을 동시에 접할 수 있는 특별한 장소이다. 닛코 동조궁에 인접해 있지만 동조궁과는 또 다른 매력을 지닌 이곳은 일본의 역사와 전통을 깊이 이해하고 싶은 여행자에게 강력히 추천할 만한 장소다.

주소: 2300 Sannai, Nikko, Tochigi 321-1431
맵코드: 367 312 135*28
운영시간: 4~10월 08:00~17:00, 11~3월 08:00~16:00
입장료: 성인 300엔, 초·중학생 100엔
전화번호: 0288-54-0531
홈페이지: rinnoji.or.jp

유타의 가게

유타의 가게(ユタの店)는 시모이마치역에서 도보 10분 거리에 있는 라멘 집이다. 대표 메뉴는 유타 스페셜 탄탄멘으로 돈코츠 라멘 특유의 칼칼한 국물이 한국인의 입맛에도 잘 맞는다. 라멘 맵기를 선택할 수 있는데 한국인 기준으론 가장 강한 맵기(슈퍼 스파이시)로 먹어도 크게 부담이 없다. 매장이 작지만 편한 동네 라멘 가게 같은 느낌이다. 기본적인 테이블형 자리는 물론 가게 안쪽에는 여럿이 함께 먹을 수 있는 공간도 있어 혼자서도, 여럿이서도 함께 즐기기 좋다.

주소: 10-6 Chuocho, Nikko, Tochigi 321-1266
맵코드: 132 788 243*43
운영시간: 11:30~20:30(14:00~17:30 브레이크타임)
가격: 유타 스페셜 탄탄멘 1,100엔
전화번호: 0288-22-6686

카시와 카페&
커피 로스터리

시모이마이치역에서 도보 10분 거리에 있는 카시와 카페&커피 로스터리(Kashiwa Cafe&Coffee Roastery)는 40년 전통을 자랑하는 가게로 이곳에서는 사장님이 직접 라테아트를 하는 모습을 구경할 수 있다. 다른 곳에선 보기 힘든 이 카페만의 특별한 장점으로 라테아트를 가르치고 있기도 한 이곳의 아트 실력은 수준급이다. 정교한 퀄리티는 물론 원하는 아트를 따로 요청해 받아볼 수도 있다. 금요일과 토요일 저녁에는 와인과 같은 주류를 커피와 함께 판매해 닛코에서 숙박을 하는 사람들에게 더욱 추천하고 싶은 곳이다.

주소: 1147 Imaichi, Nikko, Tochigi 321-1261
맵코드: 132 788 559•18
운영시간: 월·화요일, 목요일 11:00~18:00, 금·토요일 11:00~22:00/매주 수요일 휴무
가격: 라테아트 커피 1,200엔
전화번호: 0288-22-5876
홈페이지: kashiwa.cc

· 도치기시 ·

평화로운 시골 분위기를 느낄 수 있는 곳
조용하고 고즈넉한 여행을 즐길 수 있는 도시 도치기

도치기현 남부에 위치한 도치기시(栃木市)는 도치기현의 대표 도시일 것 같은 이름과 달리 닛코시나 우츠노미야시의 명성에 가려져 생각보다 많이 알려지지 않은 도시이다. 개인적으로 도치기현 여행에서 가장 좋았던 도시가 도치기시였을 만큼 조용한 시골 느낌의 도시를 선호하는데 도치기역에 내리자마자 바로 그런 분위기를 느낄 수 있었다. 수천, 수백 마리의 잉어와 오리가 여유롭게 수영하는 작은 강가, 일상을 평온하게 즐길 수 있는 공원, 시가지 주변에서는 에도 시대부터 지금까지 모습을 유지해 온 창고나 상가를 둘러볼 수 있어 고즈넉한 느낌의 여행을 즐기고 싶은 사람들에게 추천하는 도시가 바로 이곳이다.

토모가와강

도치기시에서 개인적으로 가장 인상 깊었던 곳인 토모가와강(巴波
川)은 에도 시대 말기(1860년경)부터 간토 평야 북쪽 지역의 유통을
잇는 역할을 해왔다. 그래서 강 근처에는 에도 시대부터 사용하던
창고와 상점가가 있다. 강을 처음 봤을 때 잉어와 오리가 함께 수
영하는 평화로운 모습에 절로 감탄이 나왔다. 강가 주변에서 100엔
정도에 잉어 먹이를 구입해 직접 먹이를 줄 수 있으며, 강 초입에 있
는 창고 거리 유람선을 예약하면 30분 코스로 유람선을 타고 노래
를 들으며 강가를 구경할 수 있다.

주소: 2-30 Muromachi, Tochigi 328-0036
맵코드: 64 748 722•52
입장료: 무료

Tour 2

신메이구 신사

도치기시 중심부에 위치한 신메이구 신사(神明宮神社)는 도치기시 전역을 지키는 수호신을 모신다. 도치기역에서 신사까지의 거리가 도보 20분으로 그리 멀지 않고 신사로 가는 골목길이 운치 있어 걸어서 방문하기 좋은 곳이다. 에도 시대부터 운영되어 온 상점들이 많기 때문에 주변을 둘러보기에도 좋다. 규모는 작지만 주택가 안쪽에 위치해 있어 조금 더 생활에 밀접한 신사라는 느낌을 받았다. 신사 옆 공원에는 대형 놀이기구와 분수대가 있어 함께 방문하기 좋다.

주소: 26-3 Asahicho, Tochigi 328-0035
맵코드: 64 778 203*22
입장료: 무료
전화번호: 0282-24-4530
홈페이지: jinja.rpr.jp

닛코 레이헤이시카이도 도로

닛코 레이헤이시카이도 도로(日光例幣使街道)는 도치기역에서 도치기 시청을 지나 도보 30분 거리에 있는 곳으로 에도 시대의 건물들을 볼 수 있는 거리이다. 일본의 다른 도시와는 또 다른 매력이 있는 곳으로 오래된 건물들이 많고 작은 규모의 신사나 절이 많아 예스러운 느낌을 좋아한다면 방문하기 좋은 곳이다. 거리 곳곳엔 역사와 관련된 여러 체험관이나 박물관들이 있지만 메인 관광지의 느낌과는 또 다른 매력을 가지고 있어 추천하는 장소이다.

주소: Tochigi, Kauemoncho 328-0072
맵코드: 64 808 283•70

돈키치 콤보 모모

돈키치 콤보 모모(豚キチcombo mo:mo)는 도치기역에서 도보 5분 거리에 있는 라멘 집으로 좁은 입구와 다르게 매장 내부는 생각보다 쾌적하다. 일본어를 전혀 모른다면 직접 주문하는 과정이 다소 어렵게 느껴질 수 있는데 이곳 매장은 키오스크로 주문할 수 있어 편리하다. 기본 메뉴는 돈코츠 라멘으로 우리나라에서도 유명한 이치란 라멘과 비슷한 느낌의 면을 사용한다. 도치기역 근처이기 때문에 도치기시 여행을 마무리하는 시점에 방문하면 좋을 것 같다.

주소: 21-25 Sakaicho, Tochigi 328-0043
맵코드: 64 748 330•12
운영시간: 일~목요일 11:00~22:00, 금·토요일 11:00~23:00/매주 월요일 휴무
가격: 돈코츠 라멘 1,000엔~1,500엔
전화번호: 0282-28-7666

구라노 마치

게스트하우스 구라노 마치(蔵の街)는 이번 도치기현 여행 중 3일간 머물렀던 숙소이다. 1층은 카페, 2층은 숙소로 운영되는 구조로 숙박을 하면 무료 인스턴트 커피가 제공되지만 1층 카페에서 마시는 커피 맛이 좋아 따로 카페에 방문해보길 추천한다. 앞서 소개한 토모가와강 바로 앞에 위치해 있기 때문에 숙소 밖으로 나오자마자 강의 풍경을 볼 수 있다. 10분 거리에는 스타벅스와 편의점이 있고 주변 일대에 비해 숙박비도 저렴하다. 다만 방의 가격대가 자주 바뀌는 편이니 주의가 필요하다.

주소: 12-20-1 Minatocho, Tochigi 328-0045
맵코드: 64 778 124•75
가격: 7,800엔(성인 2인 1박 기준)

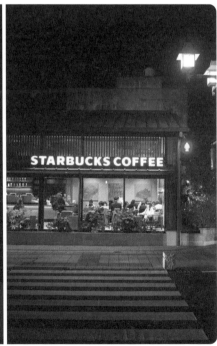

· 우츠노미야시 ·

화려함과 정갈함이 공존하는 곳

다양한 관광지가 가득한 도시 우츠노미야

도쿄에서 신칸센으로 약 1시간이 소요되는 우츠노미야시(宇都宮市)
는 도치기현의 현청 소재지이다. 도치기현의 중심 도시인 이곳은
고즈넉한 분위기의 도치기시와 달리 인구 약 52만 명의 대도시이
다. 수도권 도시 중 인구수 10위권을 차지할 정도로 간토 북부 지역
에서 가장 큰 도시 중 하나이다. 도치기현에선 닛코시가 워낙 유명
한 관광지이기 때문에 우츠노미야시는 자칫 건너뛰기 쉬운 곳이지
만 화려한 도심과 외곽의 정갈하고 아름다운 골목들은 일본 소도시
를 찾는 관광객들의 눈길을 사로잡기 충분하다.

후타라산 신사

우츠노미야역에서 도보 약 20분 거리인 후타라산 신사(二荒山神社)는 우츠노미야시의 대표적인 신사로 도심 한가운데에 위치해 지역 주민들 사이에서 '도심 속 오아시스'라 불린다. 제신으로는 농업, 사업, 의약의 신인 오모노누시와 풍요와 어업을 수호하는 신인 코시로누시노카미가 있다. 입구에는 보는 사람을 압도하는 큰 도리이를 볼 수 있고 안으로 들어서면 계단이 쭉 이어져 있다. 올라가는 길이 숲에 둘러싸여 있을 뿐만 아니라 신사 내부에도 많은 나무가 있어 도심 속 휴식을 취할 수 있는, 말 그대로 오아시스 같은 공간이다.

주소: 1 Chome-1-1 Babadori, Utsunomiya, Tochigi 320-0026
맵코드: 39 511 140*78
운영시간: 08:30~16:00
입장료: 무료
전화번호: 028-622-5271
홈페이지: futaarayamajinja.jp

우츠노미야 성터 공원

개인적으로 방문하는 도시에 성이 있다면 꼭 들르는 편인데 이곳엔 우츠노미야 성터(宇都宮城址)가 있어 방문했다. 일본에는 수많은 성과 다양한 역사적 장소들이 있지만 이곳처럼 전쟁이나 화재 등으로 성 자체가 소실되어 성터만 남거나 성을 작게 복원한 곳이 많다. 성의 외부 모습이 복원되어 있어 그럴 듯해 보이지만 내부는 성이 아닌 공원 느낌으로 조성되어 있다. 금요일부터 일요일까지는 일몰 후 오후 9시까지 야간 조명을 밝혀두고 있으며 성터 남쪽에는 일본 역사 전시실과 일본식 문화를 볼 수 있는 청명관이 있어 지친 여행 속 쉬어 가는 장소가 되어줄 수 있다.

주소: 2-24 Honmarumachi, Utsunomiya, Tochigi 320-0817
맵코드: 39 481 168•16
운영시간: 09:00~19:00
홈페이지: city.utsunomiya.tochigi.jp/citypromotion/kanko/meisho/jyiousi/index.html

Tour 3

하치만야마 공원

간토의 평야는 넓은 지형 탓에 전망대에서 넓은 도심을 보기에 참 좋다. 하치만야마 공원(八幡山公園)의 우츠노미야 타워에서 보는 풍경도 마찬가지다. 타워 자체는 89미터 높이로 비교적 낮은 편이지만 산 위에 있어 우츠노미야시를 한눈에 볼 수 있는 전망을 자랑한다. 봄철에는 공원에 약 800그루의 벚꽃이 개화해 이때 방문하는 관광객이 많다. 또한 아이와 함께 즐길 수 있는 동물원과 작은 놀이공원이 있어 가족끼리 방문하기에도 좋다. 언덕과 언덕을 이어주는 모노스톰식 다리도 이곳에서 볼 수 있는 소소한 즐길 거리 중 하나다.

주소: 5 Chome-1-1 Hanawada, Utsunomiya, Tochigi 320-0027
맵코드: 39 541 081*53
운영시간: 09:00~16:30/매주 월요일 휴무
입장료: 성인(고등학생 포함) 190엔, 초·중학생 90엔
전화번호: 028-624-0642
홈페이지: hatimanyama.jp/

오리온 상점가

우츠노미야역에서 도보 약 20분 거리엔 여러 가게가 모여 있는 오리온 상점가(オリオン通り商店街)가 있다. 우츠노미야시는 교자로 잘 알려져 있는 곳이지만 재즈나 칵테일도 유명하다. 이곳 상점가 근처에서 다양한 재즈바를 만나볼 수 있으며 천장엔 아케이드가 설치되어 있어 악천후에도 편하게 쇼핑을 즐길 수 있다. 상점가 주변엔 레트로한 느낌의 가게들이 많아 밤에도 화려하게 빛나는 거리를 볼 수 있는 곳이다.

주소: 〒320-0802 Tochigi, Utsunomiya, Enomachi 1-9
맵코드: 39 481 761•13

교자카이 키랏세
본점

우츠노미야시는 일본 내 교자 소비 1등 도시라 불릴 정도로 교자를
사랑하는 사람들이 많다. 중심가에 교자 거리가 따로 있고 거리마
다 교자 가게들이 즐비하다. 이중 어느 가게로 가야 할지 고민된다
면 교자카이 키랏세 본점(餃子街来らっせ 本店)을 추천한다. 후타라산
신사에서 도보 5분 거리에 메가돈키호테 건물 지하 1층에 위치해
있다. 다양한 교자와 맥주를 함께 즐길 수 있는 곳으로 접근성이 좋
다. 이곳만의 특별한 메뉴인 각 지점의 교자를 하나씩 모아서 먹을
수 있는 모둠 교자가 특히 인기다.

주소: 〒320-0026 Tochigi, Utsunomiya, Babadori 2 Chome-3-12
맵코드: 39 481 828*15
운영시간: 11:00~21:00
가격: 모둠 교자 A세트 750엔
전화번호: 028-614-5388
홈페이지: gyozakai.com/kirasse

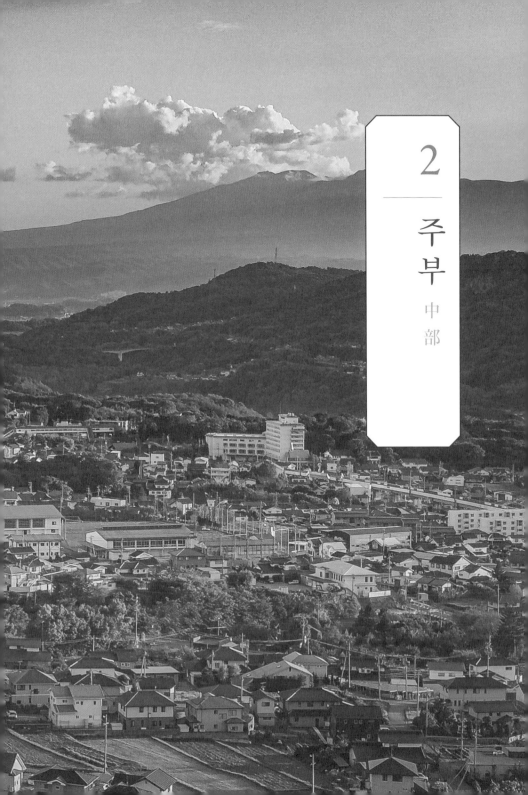

2

주
부
中
部

주부 또는 중부라 불리는 이 지역은 일본 열도의 중간 위치
로, 동쪽으로는 도쿄가 포함된 간토 지방과 서쪽으로는 오사
카로 유명한 간사이 지방 사이에 있다. 일본의 중간 다리 역
할을 하는 곳으로 교통의 요충지라 할 수 있다. 인구수는 약
2,200만 명 정도로 중심 도시는 나고야시이다. 일본은 우리
나라 동해 인근과 태평양 인근 지역의 기후가 매우 다른데
주부 지방 중 동해와 가장 인접한 호쿠리쿠 지역 일대는 쓰
시마 해류의 영향으로 홋카이도를 능가하는 높은 강설량을
보이고, 나고야를 중심으로 한 태평양 지역 일대는 한반도와
비슷한 비교적 온화한 기후이다.

나가노현
한눈에 보기

나가노현(長野県)은 일본 중부 산악 지대에 자리해 사계절 내내 아름다운 자연을 즐길 수 있는 곳이다. 겨울에는 스키와 온천, 여름에는 시라카와고를 비롯한 높은 지대의 시원한 공기가 이 지역의 매력이다. 불교와 관련된 오래된 사찰이나 고성이 많아 조용한 여행을 원하는 사람에게 추천하는 곳이다.

나가노시

가루이자와
고모로시

우에다시

마츠모토시 사쿠시&도미시
스와시

주부

여름에도 시원한 바람을 느낄 수 있는 곳
애니메이션 영화 〈너의 이름은〉의 배경지 스와

스와시(諏訪市)는 나가노현 중부에 위치한 도시로 나가노현에서 가장 큰 호수인 스와호를 중심으로 발달한 도시이다. 고도가 높아 여름에도 비교적 시원한 바람을 느낄 수 있으며 인구는 4만 6천 명 정도로 평소에는 관광객을 찾아보기 힘든 곳이지만 오히려 그래서 생긴 특유의 분위기가 매력적이다. 매년 8월 15일엔 약 4만 발의 불꽃을 터트리는 스와호 불꽃대회가 열린다. 호수에 비친 불꽃이 일대를 환하게 밝히는 모습이 매우 아름답다. 애니메이션 영화 〈너의 이름은〉의 미츠하가 사는 마을인 이토모리의 실제 모델도 이곳이다. 스와호가 모티브가 되어 극중 운석 충돌 장면이 만들어졌다고 한다.

Tip

타테이시 공원의 노을은 장관이다. 스와호에 반사되는 노을과 구름의 모습을 볼 수 있는데 오후 4시 이후에 방문하면 더욱 아름다운 풍경을 감상할 수 있다. 시간이 조금 남는다면 스와호 호반 공원을 걷는 것도 좋다. 공원을 걷다가 근처 온천에 들러 몸을 녹일 수도 있고 온천 방문이 어렵다면 가미스와역에 무료 족욕장이 있으니 온천 대신 이곳을 방문해도 좋다. 승강장에서 전철을 기다리며 족욕을 즐기는 색다른 경험을 해볼 수 있다.

타테이시 공원

타테이시 공원(立石公園)에선 스와호를 포함한 스와시 마을 전경을 한눈에 담을 수 있다. 마치 영화 속 마을의 풍경을 보는 느낌인데 매우 아름다운 모습이라 애니메이션을 보지 않은 사람에게도 깊은 여운을 주는 곳이다. 스와시를 방문한다면 꼭 가보는 것을 추천한다. 공원이 높은 언덕 위에 있어 체력적으로 여유가 된다면 걸어 올라가는 것을 추천한다. 상황이 여의치 않다면 가미스와역 안에 있는 관광 안내소에서 공원으로 가는 버스 시간을 확인하고 이동해보자.

주소: Tateish-10399 Kamisuwa, Suwa, Nagano 392-0003
맵코드: 218 780 032•51
운영시간: 24시간
입장료: 무료
전화번호: +81 266 52 4141
홈페이지: suwakanko.jp/spot/detail/?id=941

다카시마성

스와시 중앙에 위치한 다카시마성(高島城)은 3층짜리 목조 건축물이다. 성 주변으로 산책하기 좋은 공원이 조성되어 있어 여유로운 소도시의 정취를 즐기며 일본의 역사와 문화를 엿보기에도 안성맞춤이다. 날씨가 좋은 날에 3층 전망대로 올라가면 100킬로미터 정도 떨어진 후지산을 볼 수 있다. 1, 2층엔 일본의 문화유산을 만나볼 수 있는 전시관이 마련되어 있고 특히 2층은 대부분 다카시마성에 관한 전시이니 역사에 관심이 많다면 함께 둘러보자.

주소: 1 Chome-20-1 Takashima, Suwa, Nagano 392-0022
맵코드: 75 148 354*33
운영시간: 09:00~16:30
입장료: 어른 310엔, 어린이 150엔
전화번호: +81 266 53 1173

나라이주쿠

나라이주쿠(奈良井宿)는 여행자들을 위한 휴게소 같은 공간이다. 스와시에서 자동차로 약 50분 거리에 위치한 이곳은 스와시의 여행 코스로는 제법 멀게 느껴질 수 있지만 스와시와 함께 방문하면 좋은 곳이다. 에도 시대의 분위기를 잘 간직한 곳으로 일본 유명 애니메이션 〈귀멸의 칼날〉에 나오는 거리의 분위기를 느낄 수 있다. 관광지로 개발된 곳이지만 상대적으로 많이 알려지지 않았다. 현재는 국가 지정 문화재로 등록되어 골목 전체가 하나의 박물관처럼 잘 보존되어 있다.

주소: Narai, Shiojiri, Nagano 399-6303
맵코드: 420 773 723*08
운영시간: 24시간
전화번호: +81 264 34 3160
홈페이지: naraijuku.com

· 나가노시 ·

오래된 사찰과 번화한 상점가가 공존하는 곳
동계올림픽의 도시 나가노

나가노시(長野市)는 나가노현의 중심 도시이다. 산으로 둘러싸여 있는 지형인 데다 눈이 많이 내려 겨울 스포츠를 즐기기 좋은 곳이다. 1998년 동계올림픽을 개최한 도시인 만큼 이 지역의 스키장이 특히 유명하다. 이외에도 나가노시는 유적지와 오래된 가게들이 즐비한데 특히 시내 중심가에 있는 젠코지는 일본 3대 사찰 중 하나로 나가노현은 물론 일본 각지에서 사람들이 찾는 명소이다.

Tip ───
반나절 정도면 젠코지와 곤도 상점가를 포함한 나가노시 구석구석을 모두 둘러볼 수 있다. 젠코지를 방문하는 일부 일본인 관광객을 제외하면 관광객을 찾아보기 어려운 동네라 더욱 생생한 현지 분위기를 느낄 수 있다. 나가노시에 1박 이상 머무를 계획이라면 나가노역 근처 호텔과 게스트하우스를 추천한다. 다른 관광지와 가깝고 역 주변으로 수많은 이자카야가 있어 늦은 밤에도 허기진 배를 채울 수 있다.

Tour 1

젠코지

젠코지(善光寺)는 642년에 지어진 오래된 사찰로 깊은 역사를 지닌 곳이다. 1,400년에 걸친 역사가 고스란히 담긴 젠코지는 나가노현뿐만 아니라 일본 국민들이 가장 사랑하는 사찰 중 하나이다. 이곳에는 일본에서 가장 오래된 불상인 아미타여래 삼존불상이 있는데 일반 관광객은 물론 주지 스님조차 볼 수 없는 깊은 곳에 보관되어 있다. 사찰 앞 상점가엔 에도 시대를 연상케 하는 오래된 가게들이 많다. 주변 마을에도 젠코지와 비슷한 차분한 분위기가 감돌아 함께 둘러보기 좋다.

주소: 491 Nagano-Motoyoshicho, Nagano City, Nagano 380-0851
맵코드: 54 277 027*88
운영시간: 24시간
입장료: 무료
전화번호: +81 26 234 3591
홈페이지: zenkoji.jp

곤도 상점가&
곤도역

나가노역에서 도보로 20분 정도 걸어가면 곤도 상점가(権堂アーケー
ド)가 나온다. 젠코지로 가는 길목에 있어 가볍게 둘러보기 좋다. 상
점가 주변에는 크고 작은 사찰과 신사가 모여 있고 골목골목에는
오래된 카페나 음식점, 편하게 술 한잔 할 수 있는 이자카야가 많다.
출출한 배를 채우기 딱 좋은 곳이다. 곤도역 근처인 곤도 상점가 끝
에 다다르면 예쁜 산책로가 나온다. 이 산책로는 젠코지까지 연결
되어 있어 헤매지 않고 길을 찾기 쉽다.

주소: Gondocho, Tsuruga, Nagano City, Nagano 380-0833
맵코드: 54 218 820*31
운영시간: 24시간
전화번호: +81 26 232 1967
홈페이지: nagano-gondo.com

Tour 3

나가노역 주변 상점가

나가노시의 중심에 있는 나가노역(長野驛)은 여러 열차가 지나는 시의 중심 역인 만큼 규모가 큰 편이다. 주변 상점가도 다양하고 한국인이 일본에 오면 필수로 방문하는 돈키호테도 도보 2분 거리에 있다. 특히 도큐백화점 쪽으로 길게 뻗은 거리엔 가지각색의 음식점과 게임숍, 편집숍, 의류점이 즐비하다. 나가노현에서 쇼핑하기 가장 좋은 곳이 여기가 아닐까 생각한다.

주소: 992 Kurita, Nagano City, Nagano 380-0921
맵코드: 54 188 630*80
전화번호: +81 50 2016 1600
홈페이지: jreast.co.jp/estation/station/info.aspx?stationCD=1105

수다

수다(Sooda)는 일본의 전통 가옥을 개조한 한국 음식점으로 가게 인테리어와 음식의 조합이 독특하다. 한국인 주인 아주머니가 운영하는 곳으로 맛있는 한식 가정식을 맛볼 수 있다. 특별히 추천하는 메뉴는 주꾸미 볶음이다. 나가노역과 곤도 상점가 사이에 있는 이 식당은 나가노역 기준 도보 20분 거리에 있다. 맛도 좋지만 가격이 합리적인 곳이니 일본 음식이 입에 맞지 않거나 한식이 그리울 때 한번쯤 방문해보길 권한다.

주소: Toigoshomachi-1299-3 Tsuruga, Nagano City, Nagano 380-0834
맵코드: 54 217 688*26
운영시간: 월요일 17:00~22:30, 화~목요일 17:00~22:00, 금~토요일 17:30~22:00/매주 일요일 휴무
가격: 불고기 1인 1,000엔
전화번호: +81 90 8328 4076

135

일 년 내내 따뜻한 온천을 즐길 수 있는 곳
모든 계절이 아름다운 도시 우에다

우에다시(上田市)는 나가노현 동부에 있는 도시로 일 년 내내 즐길 수 있는 벳쇼 온천과 카케유 온천이 유명하다. 봄에는 우에다 성터를 수놓은 벚꽃을 보기 위해 관광객이 몰려들고 여름엔 대규모 불꽃놀이가, 가을엔 마을을 둘러싼 산세가 유명하다. 겨울에는 스가다이라 고원에 스키장이 열려 이곳에서 겨울 스포츠를 마음껏 즐길 수 있다. 사계절 내내 다양한 볼거리와 즐길 거리로 가득한 곳이 바로 우에다시이다.

Tip

우에다시는 나가노현에서 세 번째로 큰 도시인 만큼 다양한 즐길 거리가 존재한다. 도시를 조금만 벗어나면 거대한 산과 자연이 살아 숨 쉬고 산줄기를 따라 오래된 신사가 많은 도시이다. 우에다역 주변에는 규모가 큰 호텔과 종합 쇼핑몰인 아리오가 있어 편안하게 여행할 수 있다. 한국인에게는 많이 알려지지 않은 곳이지만 365일 즐길 수 있는 온천, 계절마다 벚꽃과 불꽃놀이, 스키장 등을 즐길 수 있어 언제 방문하더라도 즐겁게 여행하기 좋은 곳이다.

Tour 1

벳쇼 온천

우에다역에서 전철로 30분 정도 거리에 있는 벳쇼 온천역은 일본 복고풍의 작은 전철역이다. 역에서 마을을 향해 20분 정도 걸어 올라가면 벳쇼 온천(別所温泉)에 도착한다. 무료로 이용할 수 있는 족욕탕부터 고즈넉한 사찰까지 방문하기 좋은 곳이 많다. 그중에서도 키타무키 칸논 사찰(北向観音堂) 앞 상점가는 달콤한 디저트를 먹거나 아케이드 게임을 무료로 즐길 수 있는 공간이 있어 추천한다. 온천 마을답게 마을 전체에서 풍기는 유황 냄새가 정겹게 느껴지기도 하는 특별한 곳이다.

주소: 1720-2 Besshoonsen, Ueda, Nagano 386-1431
맵코드: 177 049 605*14
족욕탕 운영시간: 09:00~21:00
가격: 무료

우에다 성터

우에다시 중심에 위치한 우에다 성터(上田城跡)는 과거 시나노 지역의 중심이었던 곳으로 봄 축제가 열릴 때면 축제를 구경하는 사람들로 가득하다. 4월 중순에 일주일 동안 열리는 우에다 성터 벚꽃 축제는 나가노현에서도 으뜸으로 손꼽히는 유명한 축제다. 천 그루가 넘는 벚꽃 나무가 우에다 성터 주변을 물들이는 등 압도적인 풍경을 자랑한다. 우에다 성터 안쪽에는 미나다 신사(眞田神社)를 비롯한 여러 신사가 있는데 이곳을 찾아오는 많은 사람이 신사에 후우링(풍령)을 달며 소원을 빌곤 한다.

주소: 2 Ninomaru, Ueda, Nagano 386-0026
맵코드: 177 269 143*80
운영시간: 24시간
전화번호: +81 268 23 5135
홈페이지: city.ueda.nagano.jp/site/uedajo/

야나기마치 거리

우에다 성터에서 도보 15분 정도 걷다 보면 야나기마치 거리(北国街道 柳町)가 나온다. 이곳에는 골동품 가게와 예쁜 카페 그리고 맛있는 빵집들이 많은데 에도 시대의 흔적이 거리 곳곳에 남아 있어 언뜻 보면 드라마 세트장 같은 느낌이다. 일본 시대극 영화의 배경지로 자주 등장할 정도였다고 하니 당대의 모습을 얼마나 잘 구현해 놓았는지 알 수 있다. 가까운 곳에 하천이 있어 이곳을 배경으로 사진 찍기 좋다. 거리에 알찬 가게들이 가득한 곳이니 우에다 성터를 방문했다면 함께 들러 보길 권한다.

주소: 4 Chome Central, Ueda, Nagano 386-0012
맵코드: 85 840 315*66
운영시간: 24시간
전화번호: +81 268 23 5408
홈페이지: yanagimachi-ueda.jp

🍽️
Food 1

푸지
아이스크림 숍

우에다 성터에서 도보 15분 정도 거리에 있는 푸지 아이스크림 숍 (Fuji Ice cream Shop)은 아이스크림 전문점이지만 커스터드와 팥앙금이 들어간 지만야키가 더 인기있는 가게다. 개당 100엔의 부담 없는 가격대로 빵이 달콤하고 폭신해 한입 베어 물면 입안 가득 크림과 앙금이 터져 나온다. 매장 내부가 통유리로 되어 있어 만드는 모습을 직접 구경하는 재미도 있다. 인기가 많은 가게라 항상 붐비는데 평일에도 항상 3~4팀 정도의 대기가 있으니 웨이팅을 염두에 두고 방문해야 한다.

주소: 2 Chome-10-14 Central, Ueda, Nagano 386-0012
맵코드: 85 810 596•05
운영시간: 09:30~19:00/매주 화요일 휴무
가격: 커스터드 지만야키 100엔
전화번호: +81 268 22 1077

· 가루이자와 ·

여름 휴가를 마음껏 즐길 수 있는 곳
매력적인 휴양 도시 가루이자와

도쿄에서 신칸센을 타고 1시간 정도면 도착하는 가루이자와(軽井沢)는 작지만 없는 게 없는 매력적인 도시이다. 가루이자와는 일본에서도 이름난 휴양지로 꾸준히 개발되어 왔다. 해발고도가 1,000미터인 고원에 있어 쾌적한 환경에서 여름 휴가를 즐기기에 제격이다. 특히 여름에도 평균 기온이 20도 정도로 도쿄의 5~6월 날씨처럼 포근한 기온이 유지된다. 가루이자와의 상징이라고 할 수 있는 아사마산은 해발고도가 2,550미터로 일본에서 가장 높은 산 10위 안에 들어간다. 이 산은 나가노현을 대표하는 산 중 하나이기도 하다.

Tip

가루이자와는 도쿄 사람들에게 가장 유명한 휴양지라고 해도 손색이 없는 장소이다. 봄, 여름, 가을에는 빼어난 자연 경관을 감상하기 좋다. 빽빽이 세워진 나무로 둘러싸인 산책로를 걷기만 해도 힐링이 된다. 가루이자와는 산악 지대인 만큼 스키나 보드를 탈 수 있는 다양한 리조트가 많아 겨울에도 방문하기 좋다. 자연 속에서 느긋하게 여행을 즐기고 싶은 사람에게 이곳을 추천한다.

시라이토 폭포

시라이토 폭포(白糸の滝)는 가루이자와를 대표하는 폭포로 낙하 모습이 하얗고 미세한 실이 떨어지는 것 같다고 해 시라이토(白糸, 흰 실) 폭포라 불린다. 높이는 3미터로 다소 낮지만 폭이 70미터로 큰 편이다. 가루이자와역에서 버스로 20분 정도 이동하면 폭포 바로 앞에 도착한다. 폭포 앞에는 다양한 기념품 가게와 화로에서 직접 굽는 생선구이 식당들이 모여 있어 볼거리와 먹거리가 넉넉하다. 산림에서 즐기는 특별한 경험을 하고 싶다면 이곳에 꼭 들러 보길 추천한다.

주소: 273-1 Kamiide, Fujinomiya, Shizuoka 418-0103
맵코드: 72 820 146*82
운영시간: 24시간
입장료: 무료
전화번호: +81 267 45 8579

Tour 2

가루이자와 긴자

가루이자와 긴자(軽井沢銀座)는 도쿄에서 오는 휴양객들로 항상 붐빈다. 이곳에서는 산악 지역 특산품인 꿀과 이를 활용한 각종 푸딩 및 디저트를 맛볼 수 있다. 상점가답게 구경거리도 가득해 지브리 상점, 미피 상점, 스누피 상점, 트릭아트 미술관, 쇼핑센터 등 구경하기 좋은 여러 스폿이 알차게 모여 있다. 가루이자와역에서 20분 정도 걸으면 바로 상점가가 나오기 때문에 역에서 내려 주변을 천천히 구경하기에도 좋다. 수많은 나무와 오솔길 그리고 골목골목 오래된 골동품 가게도 있으니 여유를 가지고 주변을 둘러보자.

주소: 878 Karuizawa, Kitasaku District, Nagano 389-0102
맵코드: 292 677 390*06
운영시간: 09:30~18:30(매장마다 상이)

미피 숲의 찻집

가루이자와 상점가에 방문했다면 미피 숲의 찻집(みっふぃー森のきっち
ん)에도 가 보자. 네덜란드 대표 캐릭터인 미피를 좋아한다면 가게
입구에서부터 환호성을 지를 수밖에 없을 것이다. 매장 입구에는
제빵사 차림의 미피가 있고 안으로 들어가면 다양한 미피 굿즈와
미피 조리 도구가 있다. 이곳에선 다양한 음료와 디저트를 판매하
는데 개인적으로 추천하는 디저트는 미피 앙꼬 빵이다. 미피 얼굴
모양이라 귀엽고 맛도 달콤한 특별한 디저트이다.

주소: 559 Karuizawa, Kitasaku District, Nagano 389-0102
맵코드: 292 676 495*16
운영시간: 9:30~17:30
가격: 미피 앙꼬 빵 350엔
전화번호: +81 267 31 0628
홈페이지: miffykitchenbakery.jp

· 마츠모토시 ·

검은 성곽이 도시를 지키는 곳

차분한 분위기가 아름다운 도시 마츠모토

마츠모토시(松本市)는 나가노현을 대표하는 도시 중 하나로 나가노현에서 두 번째로 큰 도시이다. 아름다운 강과 웅장한 마츠모토성 그리고 특별한 신사를 만날 수 있는 차분하고 고즈넉한 분위기의 소도시이다.

Tip

마츠모토시는 나가노현에서 나가노시 다음으로 규모가 큰 도시인 만큼 많은 볼거리와 아름다운 자연을 품고 있다. 나가노현에서 가장 큰 대학교인 신슈 대학이 있고 도심지에는 마츠모토 공항이 있어 다른 지역으로의 이동이 편리하다. 앞서 소개한 주부 지방의 스와시, 나라이주쿠와도 가까워 함께 여행해보는 걸 추천한다.

마츠모토성

마츠모토성(松本城)은 검은 벽으로 불리는데 성 외곽이 검은색이라 지어진 별명이다. 16세기 전국 시대에 건축된 성으로 성 내부에는 오래된 무기나 일본의 역사적인 자료들을 전시한다. 천수각에서는 일본의 알프스라 불리는 미나미알프스(南アルプス)를 볼 수 있다. 마츠모토성 주위를 돌며 구경하는데 1시간이 소요될 정도로 볼거리가 많은데 밤에는 조명을 밝혀 두어 일정에 여유가 있다면 낮과 밤의 마츠모토성을 모두 구경해보길 추천한다.

주소: 4-1 Marunouchi, Matsumoto, Nagano 390-0873
맵코드: 75 851 229*28
운영시간: 08:30~16:30
입장료: 성인 700엔, 초·중학생 300엔
전화번호: +81 263 32 2902
홈페이지: matsumoto-castle.jp

나와테도리
상점가

마츠모토성에서 걸어서 10분 정도 이동하면 나와테도리 상점가(な わて通り商店街)가 나온다. 메토바강을 중심으로 상점가들이 줄지어 있는데 기념품 가게와 감성적인 카페 그리고 트렌디한 옷가게들이 가득하다. 나와테도리 상점가에선 개구리와 관련된 굿즈나 아기자 기한 소품, 장식품 등을 판매한다. 과거 메토바 강가에 개구리가 많 이 살았었기에 개구리가 이곳의 상징과도 같은 캐릭터가 되었다. 거리 곳곳의 석상과 가로등에서 다양한 개구리 조형물을 찾아보는 소소한 재미도 즐길 수 있다.

주소: 3 Chome-3 Ote, Matsumoto, Nagano 390-0874
맵코드: 75 821 682*34
홈페이지: nawate.net

마츠모토시 미술관

마츠모토시 미술관(松本市美術館)은 세계적으로 유명한 일본 현대 미술가 쿠사마 야요이의 작품을 다수 소장하고 있어 유명세를 탔다. 그 외에도 여러 지역 예술가를 위한 전시실이 마련되어 있다. 미술관 입구에는 쿠사마 야요이의 〈마법의 꽃〉이 전시되어 있어 눈길을 끌고 미술관의 자판기마저 그녀의 트레이드마크인 물방울 무늬로 뒤덮여 있다. 기념품 숍에서는 사진집, 엽서 등을 판매하고 있으니 현대 미술에 관심이 있다면 방문해보자.

주소: 4 Chome-2-22 Central, Matsumoto, Nagano 390-0811
맵코드: 75 822 376•04
운영시간: 09:00~17:00/매주 월요일 휴무
입장료: 성인 410엔, 고등·대학생 200엔, 중학생 이하 무료
전화번호: +81 263 39 7400
홈페이지: matsumoto-artmuse.jp

스토리하우스 카페&바

스토리하우스 카페＆바(Storyhouse Café＆Bar)는 나와테도리 상점가에 있는 카페로 유럽풍의 매장 분위기가 특징이다. 겨울이면 매장 안에 있는 벽난로에 불을 피우기 때문에 향긋한 커피를 마시면서 불멍을 하기에도 안성맞춤이고 간단한 식사 메뉴도 있어 이곳에서 끼니를 해결하기에도 좋다.

주소: 4 Chome-3-19-1 Ote, Matsumoto, Nagano 390-0874
맵코드: 75 822 690•00
운영시간: 일~화요일 11:00~17:00, 목~토요일 11:00~22:00/매주 수요일 휴무
가격: 아메리카노 350엔
전화번호: +81 80 4355 6283

· 고모로시 ·

아름다운 자연 경관을 보며 산책하기 좋은 곳

벚꽃과 푸른 녹음이 아름다운 도시 고모로

나가노현의 북동쪽에 위치한 고모로시(小諸市)는 인구가 5만 명일 정도로 규모가 작은 도시이다. 동쪽으로는 지쿠마강(千曲川)으로 유명한 사쿠시와 휴양지로 유명한 가루이자와시가 있고, 서쪽으로는 다양한 볼거리로 가득한 우에다시와 가까워 다른 도시 여행 일정과 함께 방문하기 좋은 곳이다. 소도시이기 때문에 큰 상점가나 쇼핑센터를 찾긴 어렵지만 도시 전체가 해발고도 700미터에 있어 자연경관을 바라보며 산책하기 좋은 도시이다.

Tip

고모로시는 한국에 잘 알려지지 않은 소도시이지만 일본 여행 중 개인적으로 가장 만족스러웠던 도시이다. 봄에는 산을 뒤덮는 벚꽃 물결이, 여름에는 푸른 하늘이, 가을에는 우수수 떨어지는 낙엽이, 겨울에는 눈이 펑펑 내리는 곳이다. 우리나라 못지 않게 사계절이 뚜렷한 아름다운 도시로 일본의 진짜 시골 모습을 엿볼 수 있는 곳이다. 스와시, 나가노시, 우에다시 등 주변 도시에 온 김에 가까운 고모로시도 방문해보길 추천한다.

고모로성

고모로역에서 도보 5분 거리에 있는 고모로성(小諸城)은 1626년 낙
뢰로 성이 소실되어 현재는 성터만 남아있다. 이후 성터가 공원으
로 조성되어 산책로와 작은 동물원, 유원지 등이 들어섰다. 이곳의
가장 아름다운 시기는 벚꽃 필 무렵으로 성터와 공원 내부를 둘러
싼 수많은 벚꽃 나무를 볼 수 있다. 매년 벚꽃 축제가 열리는데 예
쁜 경치 탓에 늘 관광객으로 붐비곤 한다. 조명 시설도 있어 밤에는
마치 보라색 바다와 같은 색다른 벚꽃의 모습도 볼 수 있다. 가을에
는 단풍과 낙엽이 벚꽃의 빈자리를 대체하고 있어 봄, 가을 어느 때
고 아름다운 곳이다.

주소: 311 Tei, Komoro, Nagano 384-0804
맵코드: 85 560 794+63
운영시간: 09:00~17:00
입장료: 1인 300엔(동물원 입장료 포함)
전화번호: +81 267 22 0296

**샤쿠손지
누노비키칸논**

고모로역에서 차를 타고 10분 정도 달리면 샤쿠손지(釈尊寺)가 나
온다. 절을 오르는 길이 잘 정비되어 있지 않아 눈이 오는 겨울에
는 길이 폐쇄되고 비가 올 때는 길이 미끄러워 각별한 주의가 필요
하다. 그럼에도 이곳을 찾는 이유는 바로 아름다운 경치 때문이다.
절로 올라가는 길은 지브리 애니메이션 영화 〈모노노케 히메〉 속
짙은 녹음이 우거진 산의 모습과 비슷하고, 아슬아슬한 절벽에 있
는 누노비키칸논(布引観音)의 모습은 절로 감탄을 불러일으킨다. 작
은 동굴로 들어가 내부를 구경할 수도 있으니 꼭 한번 방문해보길
권한다.

주소: 2250 Okubo, Komoro, Nagano 384-0071
맵코드: 85 586 260•27
입장료: 무료
전화번호: +81 267 23 0520

이즈나산 공원

이즈나산 공원(飯綱山公園)은 이즈나산을 깎아 만든 공원으로 800여 그루의 벚꽃 나무가 심어져 있어 봄이면 벚꽃을 구경하러 오는 관광객으로 붐비는 곳이다. 이즈나산 공원은 과거 후미지성이 있던 장소였지만 현재는 성의 흔적만 찾아볼 수 있는 정도이다. 이즈나산 공원 정상에는 다양한 즐길 거리가 있는데 와인과 음식, 커피를 즐길 수 있는 와인 전문점 스타레이스 코모로(STARRACE KOMORO)가 있어 전망대에서 우아하게 식사를 즐길 수 있다. 무료 전망대도 있으니 이곳을 방문해 고모로시 전경을 감상해보자.

주소: 151-1 Moro, Komoro, Nagano 384-0043
맵코드: 85 620 682*20
입장료: 무료
전화번호: +81 267 22 1700

Food 1

야마사다 소바

야마사다 소바(やまさだそば)는 고모로역에서 도보로 10분 정도 떨어진 곳에 있는 소바 집이다. 가쓰오부시를 베이스로 한 이곳의 마제소바는 다양한 고명과 큼지막하게 썰어 놓은 고기가 특징으로 마제소바를 처음 접하는 사람에게도 추천할 만하다. 밥도 함께 제공되고 삶은 달걀이 무한리필이라 가성비가 좋다. 매장은 일반적인 일본 가정집을 개조해 만든 곳이라 정갈하고 아늑하다. 태블릿으로 사진과 메뉴를 보며 주문할 수 있고 직원들도 매우 친절하다. 일찍 문을 닫는 곳이니 만큼 저녁 시간에 방문하지 않도록 주의가 필요하다.

주소: 2 Chome-3-7 Honmachi, Komoro, Nagano 384-0026
맵코드: 85 591 094·28
운영시간: 11:00~15:00/매주 월요일 휴무
가격: 마제소바 800엔
전화번호: +81 267 22 0266
홈페이지: takeko-shoten.jp

· 사쿠시 & 도미시 ·

일본에서 가장 긴 강이 흐르는 곳

작지만 알찬 소도시 사쿠와 도미

시나노강은 일본에서 가장 긴 강으로 '지쿠마강'이라 불리는데 나가노현의 사쿠시(佐久市)와 도미시(東御市)를 가로지르는 강이다. 사쿠시는 일본에서 바다와 가장 먼 곳으로 신칸센이 지나가는 사쿠다이라역을 주변으로 마을이 형성되어 있다.

함께 소개할 도미시는 사쿠다이라역에서 전차로 20분 정도 거리에 위치한 곳으로 인구 3만 명의 작은 소도시이다. 사쿠시와 마찬가지로 지쿠마강이 흐르고 있으며 북쪽으로 유노마루산(湯ノ丸山)과 같은 해발 2,000미터가 넘는 높은 산들이 줄지어 있어 겨울에는 이곳에서 스키를 타기 위해 많은 관광객이 몰린다.

169

Tour 1

사쿠시 이나리야마 공원

사쿠시 우스다역에서 도보로 10분 정도 이동하면 이나리야마 공원 (稲荷山公園)이 나온다. 공원엔 높이 35미터의 우주로켓 전망대 코스모 타워가 있는데 유명한 전망대임에도 무료로 개방되어 있어 부담 없이 방문하기 좋다. 전망대 자체는 높지 않지만 이나리산 위에 있기 때문에 사쿠시의 전경을 360도로 볼 수 있다. 이나리야마 공원 앞 마을은 전형적인 일본 시골 마을의 모습을 간직하고 있어 함께 구경해보는 것을 추천한다.

주소: 〒384-0302 Nagano, Saku, Usuda, 城山
맵코드: 85 088 637*78
운영시간: 24시간(코스모 타워: 08:00~18:00)
전화번호: +81 267 62 3424
홈페이지: city.saku.nagano.jp/shisetsu/koen/usuda/inariyama.html

사쿠시 이나리
신사

이나리 신사(稲荷神社)는 이나리야마 공원 바로 옆에 붙어있어 함께
방문하기 좋은 곳이다. 이곳 신사는 무려 960년에 만들어졌다고 전
해진다. 붉은색 도리이가 계단을 따라 늘어선 모습은 이곳의 가장
큰 볼거리다. 이나리야마 공원과 이나리 신사를 방문한 다음 주변
동네를 천천히 거닐며 산책해보자. 오르막길이 없어 걷기 수월하고
시골 동네 특유의 고즈넉한 분위기가 가득해 사색하기 좋다. 특히
나가노현에서 가장 큰 산인 아사마산을 바라보며 지쿠마강을 따라
산책하는 코스를 추천한다.

주소: 〒384-0301 Nagano, Saku, Usuda, 城山 1-1-2
맵코드: 85 088 727*05
운영시간: 24시간
홈페이지: nagano-jinjacho.jp

도미시 운노주쿠

도미시 다카나역에서 10분 정도 거리에 있는 운노주쿠(海野宿跡)는 에도 시대 풍경을 잘 재현한 거리로 오래된 건물들이 약 1킬로미터 정도 이어져 있다. 메이지 시대 이후 지어진 견고한 기와 지붕이 매력적인 곳이며 과거로 돌아간 것 같은 기분을 느낄 수 있다. 봄에는 히나마츠리 행사가 이곳에서 열린다. 히나마츠리(雛祭り)는 매년 3월 3일 여자 아이의 건강과 행복을 기원하는 축제로 이때가 되면 거리에 늘어선 수많은 인형을 볼 수 있다.

주소: 845 Motounno, Tomi, Nagano 389-0518
맵코드: 85 698 872*87
운영시간: 24시간
입장료: 무료
전화번호: +81 268 62 7701
홈페이지: tomikan.jp/area/tanaka-unno/unnojuku

아이치현
한눈에 보기

아이치현(愛知県)은 볼거리도, 먹거리도, 즐길 거리도 많은 곳이다. 도쿄와 오사카 여행에 흥미를 느끼지 못한 사람들에게 특히 추천한다. 기후현과 함께 주부 지방에서 꼭 가봐야 하는 추천 지역이니 여행 일정이 허락한다면 함께 둘러보는 것을 추천한다.

이치노미야시
&기요스시

나고야시

주부

· 나고야시 ·

화려한 관광지와 먹거리가 가득한 곳
즐길 거리가 풍부한 도시 나고야

나고야시(名古屋市)는 약 230만 명이 거주하고 있는 대도시인 만큼 즐길 거리가 풍성하다. 중부전력 미라이 타워와 오아시스 21, 주부 지방 최대 상점가인 오스 상점가와 나고야항 수족관, 레고랜드, 지브리 테마파크 등 다양한 명소가 있다. 나고야시를 이야기할 때는 다양한 먹거리도 빼놓을 수 없는데 미소(된장) 소스 돈카츠로 유명한 야바톤과 닭날개 튀김으로 잘 알려진 세카이노야마짱이 나고야의 대표적인 맛집이다. 또 여름 보양식인 나고야식 장어덮밥 히쓰마부시도 빼놓을 수 없다.

Tip

나고야시는 소위 재미없는 도시로 알려져 있지만 실상은 그렇지 않다. 일본인은 물론 한국인에게도 인기가 많은 지브리 테마파크나 나고야항에서 멀지 않은 레고랜드 등 구경거리가 여럿 있다. 이외에도 일본의 3대 온천인 기후현의 게로 온천과 설경이 아름다운 시라카와고도 가까운 곳에 있어 함께 방문하기 좋다.

나고야성

오사카엔 오사카성이 있듯 나고야엔 나고야를 대표하는 나고야성 (名古屋城)이 있다. 일본의 3대 성 중 하나인 나고야성은 전국 시대를 끝낸 도쿠가와 이에야스가 1610년에 만든 성이다. 1945년 일어난 나고야 대공습으로 인해 성 대부분이 소실되었다가 1959년부터 재건 작업을 시작해 현재까지 작업을 이어오고 있다. 천수각은 2018년부터 현재까지 내진 수리 중이기 때문에 직접 들어가 볼 수 없지만 천수각을 제외한 다른 곳은 모두 출입이 가능하다. 나고야성 천수각 앞에는 다양한 굿즈 숍이 있고 닌자, 장군 코스프레 복장을 한 안내원이 관광객과 사진을 찍어준다. 성이 물길(해자)로 둘러싸여 있는데 봄이면 벚꽃과 어우러진 모습이 장관이다. 많은 관광객이 매년 봄 이곳을 찾는 이유 중 하나이다. 3월 하순부터 벚꽃이 절정에 이르기 때문에 이때를 노려 방문하기를 추천한다.

주소: 1-1 Honmaru, Naka Ward, Nagoya, Aichi 460-0031
맵코드: 4 348 699•01
운영시간: 09:00~16:30
입장료: 성인 500엔, 중학생 이하 무료
전화번호: +81 52 231 1700
홈페이지: nagoyajo.city.nagoya.jp

중부전력 미라이 타워

중부전력 미라이 타워(中部電力 MIRAI TOWER)는 1954년에 지어진 일본 최초의 전파탑으로 일본 국가 중요문화재로 지정될 만큼 오래된 곳이다. 높이가 180미터 정도인 미라이 타워는 현재 전파탑 역할은 하지 않고 관광 타워로만 남아있다. 1층엔 음식과 술을 즐길 수 있는 펍이 있고 3층에는 무료 전망대와 커피숍이 있다. 90미터 높이의 전망대와 창문이 없는 스카이 발코니가 있어 나고야시의 광활한 평야를 한눈에 볼 수 있다.

주소: 3 Chome-6-1 5 Nishiki, Naka Ward, Nagoya, Aichi 460-0003
맵코드: 4 319 250*48
전망대 운영시간: 월~금·일요일 10:00~21:00, 토요일 10:00~21:40
입장료: 고등학생 이상 1,300엔, 어린이 800엔
전화번호: +81 52 971 8546
홈페이지: nagoya-tv-tower.co.jp

오아시스 21

미라이 타워 옆에는 우주선의 모습을 한 복합 쇼핑몰 오아시스 21(Oasis 21)이 있다. 층마다 다양한 테마가 있어 재밌게 구경할 수 있는데 3층에는 유리 지붕 위에 물이 흐르는 물의 우주선이 있고 지상 1층에는 다양한 이벤트와 포토존인 녹색의 대지 그리고 지하에는 개성 있는 30여 개의 매장과 작은 콘서트홀인 은하의 광장이 있다. 한국인에게 인기 있는 지브리 스토어, 만화책 애호가에게 유명한 점프 스토어도 이곳에 있으니 일본 만화나 애니메이션을 좋아하는 사람이라면 가볍게 방문해보기 좋다.

주소: 1 Chome-11-1 Higashisakura, Higashi Ward, Nagoya, Aichi 461-0005
맵코드: 4 319 105*02
운영시간: 10:00~21:00
전화번호: +81 52 962 1011
홈페이지: sakaepark.co.jp

오스 상점가

오스 상점가(大須商店街)는 1,200여 개의 상점들이 모인 곳으로 나고야에서 가장 활기 넘치는 곳이다. 오래된 헌옷 가게부터 음식점, 다양한 전자기기를 판매하는 대규모의 상점까지 많은 매장이 있다. 오스 상점가 끝에는 14세기에 세워진 불교 사원 오스칸논(大須観音)과 반쇼지(万松寺)가 있다. 오스 상점가 북쪽에는 나고야의 대표 맛집인 미소카츠 전문점 야바톤(矢場とん) 본점도 있으니 꼭 방문해보자.

주소: 3 Chome Osu, Naka Ward, Nagoya, Aichi 460-0011
맵코드: 4 258 649*77
운영시간: 24시간
전화번호: +81 52 261 2287
홈페이지: osu.nagoya

Tour 5

나고야항 수족관

나고야역에서 전철로 30분 거리에 있는 나고야항 수족관(名古屋港水族館)은 남관과 북관으로 나뉜다. 아이들에게 특히 인기가 많은 남관은 일본에서 남극까지 가는 길을 총 5개의 구역으로 나누어 소개하는 것이 특징이고, 북관은 35억 년에 걸친 해양 생물의 진화를 볼 수 있다. 이곳에서 매일 진행하는 돌고래 쇼는 일본 최대 규모이기 때문에 해양 생물에 관심이 많거나 펭귄, 돌고래 등을 좋아한다면 이곳을 방문해보는 걸 추천한다.

주소: 1-3 Minatomachi, Minato Ward, Nagoya, Aichi 455-0033
맵코드: 4 015 443*58
운영시간: 09:30~17:00/매주 화요일 휴무
입장료: 고등학생 이상 2,030엔, 초·중학생 1,010엔, 유아 500엔
전화번호: +81 52 654 7080
홈페이지: nagoyaaqua.jp

Tour 6

나고야항 시 트레인 랜드

수족관을 둘러보고 나오면 바로 앞에 있는 나고야항 시 트레인 랜드(名古屋港シートレインランド)의 대형 관람차를 볼 수 있다. 수족관에서 도보 5분 정도 거리에 있는 시 트레인 랜드는 아이들을 위한 테마파크이다. 높이 85미터에 달하는 관람차에 오르면 나고야의 바다와 시내가 한눈에 보여 속이 뻥 뚫리는 시원한 경치를 마주하게 된다.

주소: 1- 5 1 Nishikuracho, Minato Ward, Nagoya, Aichi 455-0034
맵코드: 4 015 740*06
운영시간: 화~금요일 12:00~20:00, 주말 10:00~21:30/매주 월요일 휴무
가격: 관람차 700엔
전화번호: +81 52 661 1520
홈페이지: seatrainland.com

Food 1

야바톤
야바초 본점

나고야 대표 맛집 중 하나인 야바톤 야바초 본점(矢場とん矢場町 本店)은 미소(된장) 소스를 베이스로 한 돈카츠가 유명하다. 가장 무난한 메뉴인 로스트(돼지 허리 부위)를 추천하며 잘 데운 철판 위에 야채가 함께 제공된다. 나고야에 방문했다면 꼭 먹어봐야 할 음식이다.

주소: 3 Chome-6-18 Osu, Naka Ward, Nagoya, Aichi 460-0011
맵코드: 4 289 003•86
운영시간: 11:00~21:00
가격: 로스트 1,500엔, 세트 1,900엔
전화번호: +81 50 5494 5371
홈페이지: nb0c101.gorp.jp

아름다운 신사와 성이 있는 곳
전통과 자연이 어우러진 도시 이치노미야와 기요스

이치노미야시(一宮市)는 한국에서도 유명한 영화 〈7인의 사무라이〉의 배경이 되는 곳이다. 일본에서는 각지에서 가장 중요한 역할을 하는 신사를 가리켜 '이치노미야(一之宮)'라고 칭하는데 과거 이 지역의 신사를 이치노미야라 불렀다. 이후 신사 주변 마을을 아울러 이치노미야라 불렀고 이 명칭이 자리 잡아 이치노미야시가 이 지역의 이름이 되었다. 나고야시에서 JR 열차로 20분이면 도착하는 이 도시는 넓은 평야와 길게 뻗은 강줄기가 아름다운 곳이다.

이치노미야시에서 나고야 방면으로 전철 15분 거리에 있는 작은 도시 기요스시(清須市)는 비교적 평탄한 지형으로 쇼나이강 하류 지역에 있다. 이치노미야시와 가까운 기요스시의 유명 관광지 기요스성도 함께 방문해보자.

Tip

이치노미야시는 넓은 평야에 아름다운 강이 흐르고 아이치현에서도 가장 큰 미스미다 신사가 있는 도시이다. 또 고즈넉한 오에강 산책로는 풍경이 아름다워 걷기 좋은 곳이다. 이치노미야시를 찾는 외국인 관광객은 거의 없기 때문에 로컬 분위기를 좋아하는 사람에게 더욱 추천하는 도시이다.

Tour 1

마스미다 신사

이치노미야시를 대표하는 마스미다 신사(真清田神社)는 일본 매체에
자주 등장하는 신인 아메노호아카리노미코토를 모시는 신사로 아
이치현을 대표하는 곳이다. 이치노미야역에서 걸어서 20분 정도면
도착하는데 대부분의 절이 산에 있는 우리나라와 달리 이곳을 비롯
한 일본 신사는 대부분 평지에 있어 누구나 쉽게 접근이 가능하다.
다양한 축제가 열리는 마스미다 신사는 봄에는 도화제, 여름에는
칠석제를 열어 유카타를 입은 수천 명의 참배객이 이곳을 찾는다.

주소: 1 Chome-2-1 Masumida, Ichinomiya, Aichi 491-0043
맵코드: 4 786 468*58
운영시간: 09:00~17:00
전화번호: +81 586 73 5196
홈페이지: masumida.or.jp

다이조 공원

개인적으로 이치노미야시에서 가장 아름다운 산책로는 다이조 공원(大乘公園) 옆 작은 강줄기를 따라 걷는 코스라 생각한다. 이치노미야역에서 20분 정도 걷다 보면 약 1.5킬로미터의 산책로가 나온다. 작은 강줄기 옆으로 빽빽하게 들어선 벚꽃과 길을 따라 지어진 주택들 그리고 물고기가 보일 정도의 맑은 강물이 조화로워 마치 청춘 만화 속 한 장면 같은 인상을 준다. 작은 소도시라 관광객이 많지 않으니 사색에 잠겨 천천히 둘러보기 좋은 곳이다.

주소: 3 Chome-14 Sakura, Ichinomiya, Aichi 491-0036
맵코드: 4 787 671*87
운영시간: 24시간

기요스성

기요스성(淸洲城)의 규모는 인근에 있는 나고야성보다 작은 편이지만 위엄 있는 성의 모습과 저렴한 입장료 때문에 그냥 지나치기 아까운 곳이다. 기요스역에서 걸어서 15분 정도면 도착하는 이곳은 성으로 넘어가는 다리가 붉은색으로 칠해져 있어 독특한 분위기를 자아낸다. 밤에는 조명을 밝혀서 애니메이션 영화〈센과 치히로의 행방불명〉이 절로 떠오르는 곳이다. 낮이고 밤이고 아름다운 곳이니 꼭 방문해보길 바란다.

주소: Shiroyashiki-1-1 Asahi, Kiyosu, Aichi 452-0932
맵코드: 4 461 557*67
운영시간: 09:00~16:30/매주 월요일 휴무
입장료: 성인 400엔, 어린이 200엔
전화번호: +81 52 409 7330
홈페이지: city.kiyosu.aichi.jp/shisetsu_annai/kanko_shisetsu_sonota/kiyosujo.html

191

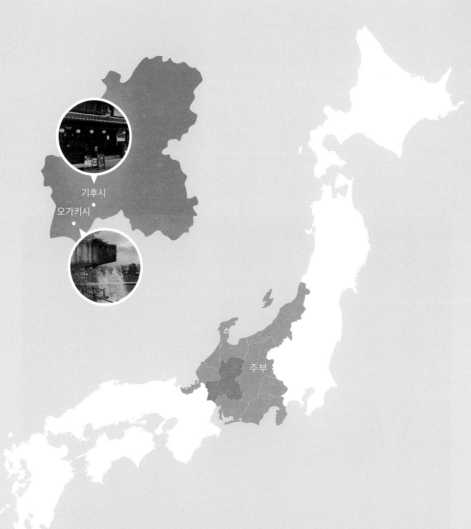

기후현
한눈에 보기

기후현(岐阜縣)은 일본 정중앙에 위치한 도시로 역사적으로 유명한 곳이 많으며 특히 가마우지 새를 길들여 강에서 은어와 잉어, 붕어 등을 잡게 하는 우카이제(鵜飼)라는 특이한 풍습이 전해져 내려온다. 일본이 통일된 에도 시대부터 일본의 중심 도시로 꾸준히 번영해왔다.

기후시

오가키시

주부

기후시(岐阜市)는 일본 가운데에 위치해 지리적으로 중요한 역할을 해오기도 했지만 과거 이곳에서 고고학 유적이 발견되면서 역사적으로도 중요한 역할을 하고 있다. 농업과 같은 전통적인 사업이 발달한 도시로 자연과 어우러진 특유의 분위기가 인상적인 도시이다.

기후성

기후시를 대표하는 기후성(岐阜城)은 산 위에 있는 성으로 유명하다. 가는 길이 걱정될 수 있지만 편하게 이동할 수 있는 케이블카가 있어 쉽게 방문할 수 있다. 케이블카는 30분 단위로 운영되며 근처 관광 안내소에서는 한국어 팸플릿도 제공하고 있다. 정상에는 레스토랑과 카페가 있어 여유롭게 휴식을 취할 수 있다. 전망대에 올라가면 기후시 전체가 한눈에 들어와 벅찬 감동을 느낄 수 있다.

주소: 18 Kinkazan Castle Tower, Gifu 500-0000
맵코드: 28 649 606*83
운영시간: 3월 16일~10월 16일 09:30~17:30, 10월 17일~3월 15일 09:30~16:40
입장료: 성인 200엔, 4~16세 100엔(케이블카 왕복 1,200엔)
전화번호: +81 58 263 4853
홈페이지: city.gifu.lg.jp/kankoubunka/kankou/1013051/1005097/1005098.html

가와라마치 옛 거리

가와라마치 옛 거리(川原町の古い町並み)는 일본에서 교토와 나라이주쿠 다음으로 예스러움을 잃지 않은 곳이다. 기후역에서 30분 정도 걷다 보면 이곳에 도착하는데 기후시 전체가 넓은 평지라 걷기에 무리가 없다. 느긋하게 걸어 만날 수 있는 이곳은 400미터 남짓의 짧은 거리지만 옛 일본 가옥이 길을 따라 옹기종기 모여 있어 나름의 정취를 간직하고 있다. 가와라마치 거리 북쪽 끝에서는 전통 낚시법인 우카이제를 하는 사람들을 만날 수 있다. 오래된 것을 보존해 나가는 그들의 모습을 지켜볼 수 있는 특별한 경험이 될 것이다.

주소: Tamaicho, Gifu 500-8008
맵코드: 28 677 057*81
전화번호: +81 58 266 5588
홈페이지: gifucvb.or.jp/sightseeing/detail_kankou.php?eid=00013

Tour 3

이나바 신사

기후시에서 가장 큰 신사인 이나바 신사(伊奈波神社)는 기후역에서
도보로 20분 정도 걸린다. 기후현을 수호하는 신을 모시는 신사로
1,900년 정도의 역사가 살아있는 곳이다. 계단을 십여 분 정도 올라
야 도착하는 이곳에서는 다양한 축제도 개최되는데 매년 1월 1일부
터 1월 3일까지 진행되는 신년제와 4월 첫째 주 토요일에 열리는 가
미유키(髮置き祭) 축제 등이 대표적이다.

주소: 〒500-8043 Gifu, Inabadori, 1 Chome-1
맵코드: 28 617 804*14
운영시간: 24시간
입장료: 무료(주차비 포함)
전화전호: +81 58 262 5151
홈페이지: inabasan.com

기후
이나리야마 혼샤

우리나라 관광객들에게도 유명한 교토의 후시미이나리를 본떠 만든 기후 이나리야마 혼샤(岐阜稲荷山本社)는 1935년에 세워졌다. 산 중턱까지 끝없이 늘어선 도리이를 볼 수 있어 매력적인데 특히 도리이가 끝나는 산 정상 부근으로 올라가면 기후시와 나고야시까지 펼쳐진 장관을 볼 수 있다. 해가 지기 시작하는 오후 5시에서 6시 사이에 방문하면 흔치 않은 멋진 풍경을 눈에 담을 수 있다.

주소: 4712-25 Kamikanoyama, Gifu 500-8121
맵코드: 28 618 005*72
전화번호: 058-245-6527

Tour 5

바이린 공원&
기후 공원

기후시를 산책하다 보면 단순히 여행하는 느낌이 아니라 마치 이곳에 사는 듯한 기분이 들 때가 있다. 그만큼 도시의 분위기가 편안하고 여유로워 소도시를 여행하는 사람들과 잘 맞는 여행지이다. 특히나 이런 분위기를 물씬 느낄 수 있는 곳으로 벚꽃과 매화가 피는 봄에는 바이린 공원(梅林公園)을, 단풍 물결을 볼 수 있는 가을엔 기후 공원(岐阜公園)을 추천한다.

바이린 공원
주소: Bairin Minamimachi, Gifu 500-8112
맵코드: 28 587 746•83
운영시간: 24시간

기후 공원
주소: 1 Chome Omiyacho, Gifu 500-8003
맵코드: 28 648 698•05
운영시간: 24시간

飲み水ではありません
飲まないで下さい

大垣市役所公園みどり課

· 오가키시 ·

애니메이션 영화 〈목소리의 형태〉의 배경지
반짝이는 물의 도시 오가키

나가라강과 이비강 사이에 자리한 기후현의 서쪽 도시인 오가키시 (大垣市)는 예로부터 물이 풍부한 도시로 알려져 있다. 주변에 자리한 강 덕분에 운하와 수로가 발달했고 소개할 장소들도 물과 관련된 곳이 많다. 이곳은 역사적으로도 중요한 길목이었는데 도쿠가와 시대부터 오가키성을 중심으로 도시가 번영했고 한국인들에게는 애니메이션 영화 〈목소리의 형태〉의 배경지로 유명하다. 나고야 시내에서 전철로 약 1시간 정도 거리이기 때문에 나고야를 방문한다면 당일치기로 함께 들리기 좋은 곳이다.

Tip ─────────────────────────

오가키시는 〈목소리의 형태〉와 〈자전거집의 타카하시 군〉의 배경지인 곳으로 애니메이션을 좋아한다면 한번쯤 방문하고 싶은 도시이다. 자연 경관이 아름다운 곳이기 때문에 봄이나 가을에 여행하기를 추천한다. 오래된 건물 사이사이에 자리 잡은 가게들이 인상적이고 주요 관광지가 오가키역 근처에 있어 반나절 정도면 충분히 주변을 둘러볼 수 있다.

Tour 1

오가키 상점가

오가키역에서 도보로 5분 정도 이동하면 오가키 상점가(大垣商店街) 가 나온다. 전형적인 일본 상점가 분위기의 거리로 음식점과 옷가 게는 물론 애니메이션 성지 순례를 온 팬들을 위한 굿즈 숍 등 다 양한 매장이 있다. 골목 사이사이를 둘러보는 재미도 있고 바로 옆 분카 거리(文化通り)에서는 작은 배를 탈 수도 있는데 저렴한 가격으 로 도심을 가로지르며 벚꽃을 구경하는 낭만적인 경험을 할 수 있 다. 홈페이지를 통해 예약이 가능하니 도심에서 배를 타는 색다른 추억을 쌓아보자.

주소: 1 Chome Takasagocho, Ogaki, Gifu 503-0889
맵코드: 78 704 217•63
가격: 배 승선료 어른 1,500엔, 초등학생 이하 800엔
홈페이지: ogakikanko.jp/event/fune/

오가키성

오가키역에서 20분 정도 오가키 상점가를 따라 걷다 보면 오가키성
(大垣城)을 만날 수 있다. 오가키성은 원래 큰 규모였으나 제2차 세
계대전 당시 공습으로 파괴된 후 천수각과 성 내부를 복원했으며
내부에는 박물관이 자리 잡고 있다. 오가키성 주변은 공원으로 조
성되어 많은 이가 찾는 명소가 되었고 애니메이션 영화 〈목소리의
형태〉가 유명해진 이후부터는 애니메이션 팬들이 찾는 성지 순례
장소로 자리매김했다.

주소: 2 Chome-52 Kuruwamachi, Ogaki, Gifu 503-0887
맵코드: 78 704 038·02
운영시간: 09:00~17:00/매주 화요일 휴무
입장료: 성인 200엔
전화번호: +81 584 74 7875
홈페이지: city.ogaki.lg.jp/0000000577.html

Tour 3

스이토 공원

오가키성에서 10분 정도 천천히 걸으면 〈목소리의 형태〉 배경지로 유명한 스이토 공원(船町公園)이 나온다. 작은 강을 중심으로 주변 도로를 따라 핀 벚꽃 나무가 인상적이라 멀리서도 이곳 벚꽃을 보기 위해 많은 사람이 찾아오는 자타공인 벚꽃 명소이다. 공원을 걷다 보면 일 년 내내 아름답다는 의미의 사계절의 광장(四季の広場)이 나오는데 이름에 걸맞게 흐르는 강물과 다양한 동식물이 옹기종기 모여 있는 아름다운 공원이다. 광장 폭포 뒤편에는 사진 찍기 좋은 포토 스폿이 있고 강을 따라 걷는 산책로도 매우 아름답다.

주소: 1-28 Funamachi, Ogaki, Gifu 503-0923
맵코드: 78 673 326•63
운영시간: 24시간
전화번호: +81 584 47 8419
홈페이지: city.ogaki.lg.jp/0000009582.html

치즈케이크
프린세스

스이토 공원 입구에 있는 치즈케이크 프린세스(Cheesecake Princess)는 이름과 달리 꽤나 괜찮은 퀄리티를 자랑하는 디저트 전문점이다. 대표 메뉴는 치즈케이크로 이외에도 다양한 종류의 디저트가 있다. 2층으로 올라가면 다다미 구조의 방이 있는데, 활짝 열린 창문에서 불어오는 시원한 바람을 맞으며 달콤한 디저트와 향긋한 커피를 함께 즐기는 기쁨은 이루 말할 수 없다. 디저트 퀄리티에 비해 가격도 합리적이라 방문해보길 적극 추천한다.

주소: 2 Chome-45 Nishitogawacho, Ogaki, Gifu 503-0908
맵코드: 78 673 562*76
운영시간: 10:00~19:00/매주 수요일 휴무
가격: 치즈케이크 1,200엔
전화번호: +81 584 73 3115
홈페이지: cheepri.jp

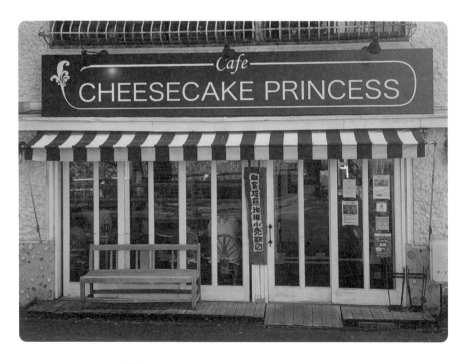

야마나시현(山梨県)은 후지산을 가까이서 볼 수 있는 현으로 맑은 날엔 어디서든 후지산을 볼 수 있다. 도쿄 근교 지역이지만 중심지인 도쿄와는 전혀 다른 느낌의 도시이다. 멀리 보이는 후지산은 이곳을 찾은 이들의 마음을 따뜻하게 한다.

후지요시다시

주부

야마나시현 동남부에 있는 후지요시다시(富士吉田市)는 인구 5만 명의 작은 소도시이다. 해발 750미터 부근에 도심이 형성되어 있어 지역 거의 모든 곳에서 후지산의 북측을 볼 수 있다. 대표적인 관광 명소로는 후지큐 하이랜드, 후지산과 충령탑을 함께 볼 수 있는 아라쿠라야마 센겐 공원 등이 있다.

Tour 1

아라쿠라야마
센겐 공원

아라쿠라야마 센겐 공원(新倉山浅間公園)은 일본에서 가장 큰 산인 후지산과 오층탑인 충령탑(忠霊塔)을 한눈에 조망할 수 있는 장소로 유명한 곳이다. 날씨가 궂은 날에도 후지산을 볼 수 있는 명소로 공원에는 약 650그루의 벚꽃 나무가 있어 봄과 가을의 풍경이 매우 아름답다. 매년 봄에는 공원에서 벚꽃 축제가 열린다. 시모요시다역에서 걸어서 10분이면 도착해 접근성이 좋지만 산중턱에 있어 오르막 길을 올라야 한다는 단점이 있다. 그럼에도 후지산을 볼 수 있는 가장 멋진 곳 중 하나이기 때문에 꼭 방문하길 추천한다.

주소: 2-chome-4-1 Asama, Fujiyoshida, Yamanashi 403-0011
맵코드: 161 276 707*86
운영시간: 24시간
입장료: 무료
전화번호: +81 555 21 1000
홈페이지: yamanashi-kankou.jp

시모요시다

아름다운 길거리와 어우러진 후지산을 보고 싶은 여행객에게 추천하는 곳이 바로 시모요시다(下吉田)이다. 아라쿠라야마 센겐 공원에서 걸어서 20분 정도 거리에 있는 이곳엔 상점들이 오밀조밀 모여 있다. 거리 뒤로 보이는 후지산은 바로 앞에 있는 듯한 착각이 들 정도로 매우 가깝게 느껴진다. 실제로 수많은 사진 작가가 촬영을 위해 이곳을 방문하며 이곳에서는 거의 모든 골목에서 후지산이 보이기 때문에 자신만의 포토 스폿을 찾는 것도 가능하다.

주소: 1 Chome-4-21 Shimoyoshida, Fujiyoshida, Yamanashi 403-0004
맵코드: 161 247 157*50
운영시간: 24시간
입장료: 무료
홈페이지: fujiyoshida.net

Tour 3

기타구치 혼구
후지 센겐 신사

시모요시다에서 1시간 정도 천천히 걷다 보면 기타구치 혼구 후지 센겐 신사(北口本宮冨士浅間神社)에 도착한다. 무려 1,900년의 오랜 역사를 자랑하는 곳으로 입구부터 늘어선 수많은 삼나무의 모습이 압도적이라 자연 속으로 들어가는 듯한 기분을 느낄 수 있다. 입구에 있는 후지산 오도리이(붉은색 문)는 일본 최대 크기로 유명하며 일반적인 신사와는 다른 새로운 느낌을 받을 수 있는 곳이라 추천한다.

주소: 5558 Kamiyoshida, Fujiyoshida, Yamanashi 403-0005
맵코드: 161 185 073*30
운영시간: 08:30~17:00
입장료: 무료
전화번호: +81 555 22 0221
홈페이지: sengenjinja.jp

오이시 공원

후지산 인근 호수 중 가장 접근성이 좋은 곳이 바로 가와구치호(河口湖)이다. 가와구치코역에서 도보 5분 거리에 있는 오이시 공원(大石公園)에선 날씨가 좋은 날에는 호수에 비치는 후지산을 볼 수 있다. 온천과 낚시는 물론 유람선을 타고 호수를 둘러보는 코스도 있다. 호수 주변에 벚꽃 나무가 많아 3월 중순부터는 가와구치코 벚꽃 축제가 열린다. 11월 중순에는 단풍 축제도 열리니 축제 일정을 미리 살핀 후 방문해보자.

주소: 2525-11 Oishi, Fujikawaguchiko, Minamitsuru District, Yamanashi 401-0305
맵코드: 59 089 326*28
운영시간: 24시간
입장료: 무료
전화번호: +81 555 72 3168
홈페이지: town.fujikawaguchiko.lg.jp

니가타현
한눈에 보기

니가타현(新潟県)은 일본 북서쪽에 있는 현으로 사계절이 뚜렷하고 바다를 따라 길게 뻗어 있어 어디서나 바다를 볼 수 있다. 특히 우리나라에도 많이 알려져 있는 노벨문학상을 수상한 일본 작가 가와바타 야스나리의 소설 《설국》의 배경지로도 유명한 곳이다. 설국이라는 별명에 맞게 겨울에는 홋카이도에 버금갈 정도로 눈이 많이 내리는 것이 특징이다.

조에쓰시

주부

• 조에쓰시 •

오랜 역사와 자연이 살아 숨쉬는 곳

알려지지 않은 보석 같은 눈의 도시 조에쓰

니가타현 남서부에 위치한 조에쓰시(上越市)는 눈이 많이 내리는 곳으로 우리에게는 잘 알려져 있지 않지만 매년 많은 관광객이 겨울 스포츠를 즐기러 오는 곳이다. 아기자기한 작은 상점가와 지역을 대표하는 가스가야마성, 다카다성, 해양 동물을 관찰할 수 있는 시립 수족박물관 우미가타리 등 알려지지 않은 관광지가 많은 매력적인 도시가 바로 이곳이다.

Tour 1

다카다성

에도 시대의 중요 거점이었던 다카다성(高田城)은 조에쓰시 중심부에 위치한 곳이다. 일반적으로 일본 성에서 볼 수 있는 천수각이 없는 것이 특징이며 천수각 대신 삼층으로 된 망루가 성의 주요 방어 시설을 담당했다. 현재는 다카다 성터 공원이 조성되어 많은 관광객이 이곳에 몰리면서 일본 3대 야간 벚꽃 명소로 유명해졌다. 4월 초부터 만개하기 시작하는 다카다 성터의 벚꽃은 다카다성과 아름다운 조화를 이룬다. 조에쓰시에 내리는 많은 눈으로 인해 겨울엔 눈으로 하얗게 덮인 성터의 모습을 볼 수 있다.

주소: 6-1 Motoshirocho, Joetsu, Niigata 943-0835
맵코드: 126 376 722*18
운영시간: 4~11월 09:00~17:00, 12~3월 10:00~16:00/매주 월요일 휴무
전화번호: 025-526-5915
홈페이지: city.joetsu.niigata.jp/site/museum/takada-castle.html

조에쓰
시립 수족박물관

조에쓰 시립 수족박물관(上越市立水族博物館)은 '우미가타리(うみがた り)'라는 애칭으로 불린다. 나오에쓰역에서 도보로 약 15분 거리에 있어 자동차 없이도 방문하기 좋은 곳으로 일본에서 유일하게 벨루 가 쇼를 볼 수 있는 곳이다. 3층 규모의 수족관으로 다른 대도시 수 족관들에 비해 규모가 크지는 않지만 개관한 지 오래되지 않아 쾌 적하고 깨끗한 환경에서 수만 마리의 해양 생물을 볼 수 있다. 아이 와 함께 여행하는 사람에게 추천하는 곳이다.

주소: 2 Chome-15-15 Gochi, Joetsu, Niigata 942-0081
맵코드: 126 613 399*45
운영시간: 10:00~17:00
입장료: 성인 1,800엔, 고등학생 1,100엔, 초·중학생 900엔, 유아 500엔
전화번호: 025-543-2449
홈페이지: umigatari.jp/joetsu

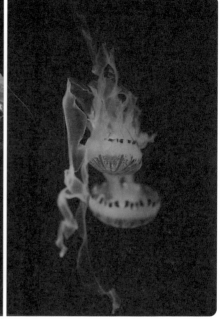

가마부타노유

가마부타노유(釜ぶたの湯)는 조에쓰묘코역에서 도보 5분 거리에 위치한 온천이다. 가격대는 저렴하지만 높은 퀄리티를 자랑하며 특히 이곳 온천물은 미네랄 함유량이 높아 피부에 좋고 피로 회복에 특화되어 있다. 온천 안쪽에는 노천탕과 실내탕이 함께 마련되어 있는데 눈을 맞으며 온천을 즐길 수 있어 겨울에 이곳을 방문했다면 필수로 들러야 하는 곳이다. 수건은 구비되어 있지 않으니 별도로 챙겨가는 것을 추천한다.

주소: 5 Chome-4 Yamato, Joetsu, Niigata 943-0861
맵코드: 126 284 418•21
운영시간: 07:00~23:00
가격: 성인 480엔, 어린이 150엔
전화번호: 025-520-8120
홈페이지: hidakk.co.jp/kamabutanoyu

가키다이쇼
다카다

다카다역에서 도보 10분 거리에 있는 가키다이쇼 다카다(ガキ大将 高田店)는 20년 전통의 라멘 집으로 앞서 소개한 다카다성과 함께 방문하기 좋은 곳이다. 주민들에게 제법 인지도가 있는 가게로 매장 안에 들어서면 수백 개의 피규어와 오래된 일본 만화책들을 구경할 수 있어 음식을 기다리는 동안 가게 곳곳을 구경하는 재미가 있다. 엔틱한 느낌의 인테리어를 구경하고 라멘과 볶음밥을 세트로 든든히 먹을 수 있는 곳으로 기억에 남는다.

주소: Niigata, Joetsu, Honcho, 6 Chome-1-5 943-0832
맵코드: 126 404 501*40
운영시간: 11:00~17:00/매주 목요일 휴무
가격: 미소라멘 1,000엔
전화번호: +81 25 526 3616

Food 2

나오에쓰차야

나오에쓰차야(なおえつ茶屋)는 나오에쓰역에서 도보 5분 거리에 위치한 곳으로 엔틱한 분위기의 찻집이다. 신맛이 강한 커피가 인상적인데 주인 할머니가 외국인 관광객인 내게 이것저것 챙겨 주며 따스한 말을 건네기도 했다. 가게 홈페이지 메인 화면엔 할머니가 매장 내 이벤트나 영업시간을 일기처럼 적어 놓은 걸 볼 수 있다. 따뜻하고 재밌는 인사말도 함께 적어두어서 보기만 해도 마음이 포근해진다. 도보 여행에 지친 몸과 마음에 잠시 휴식을 줄 수 있는 곳이다.

주소: 1 Chome-5-2 Central, Joetsu, Niigata 942-0001
맵코드: 126 614 346*51
운영시간: 10:00~16:00/매주 월요일 휴무
가격: 블랙 커피 450엔
홈페이지: naoetsuchaya.wordpress.com

BUENAVISTA

3

간사이&시코쿠

関西&四国

간사이

간사이 지방은 혼슈 중서부 태평양 쪽에 위치한 곳으로 오
사카부, 나라현, 교토부, 효고현 등이 포함된다. 특히 오사카
나 도쿄, 나라는 우리나라 사람에게도 익숙한 유명 관광지이
다. 인구가 2,000만 명 정도로 일본 인구의 약 15%가 이곳
간사이 지방에 거주하고 있으며 연평균 기온은 17도 정도
로 여름에는 덥고 습한 날씨이다. 일본의 중심지 역할을 해
온 교토와 나라는 일본 최초의 수도였던 곳으로 일본의 전
통문화를 유지하고 있는 지역이다. 바다가 가까워 상인의 도
시로 불리게 된 오사카를 비롯해 식문화가 발달한 것도 이
곳의 특징이다.

나라현(奈良県)은 지금까지도 불교 예술을 비롯한 많은 문화유산이 남아있는 곳이다. 우리나라 중·고등학생들이 수학여행을 경주로 가는 것처럼 일본에서는 교토나 나라를 함께 방문하는 것이 일반적인 코스이다. 대표적인 관광지로는 사슴으로 유명한 나라 공원과 일본 최대 규모의 청동 불상이 있는 도다이지가 있다.

나라시

간사이

· 나라시 ·

불교 예술과 전통문화를 그대로 유지한 곳

사슴의 도시 나라

나라시(奈良市)는 오사카시에서는 동쪽으로, 교토시에서는 남쪽으로 30킬로미터 떨어져 있어 주변 큰 도시를 방문했을 때 당일치기로 방문하기 좋은 도시이다. 우리나라에서는 사슴 공원으로 유명한 도시이지만 과거 교토 이전부터 수도 역할을 해왔던 곳으로 불교 사상이 짙었던 당시 시대상을 반영해 지금까지도 불교 예술을 비롯한 많은 문화유산이 남아 있는 곳이다. 관광지들의 위치가 서로 가까워 둘러보기 편한 지역이다.

나라 공원

나라역에서 30분 정도 걸으면 나라시의 대표 관광지인 나라 공원(奈良公園)에 도착한다. 공원 안쪽으로 들어가면 수천 마리의 사슴을 만날 수 있다. 귀여운 사슴에게 사슴 과자를 줄 수 있는데 과자 판매 수익의 일부는 사슴을 위한 기금으로 사용된다. 절대로 외부 음식을 주면 안 되는데 실제로 사람들이 준 음식물이나 함부로 버린 음식물 쓰레기, 비닐 쓰레기 등을 먹고 사슴이 죽는 경우가 있다고 하니 각별한 주의가 필요하다.

주소: 50-50 Noboriojicho, Nara 630-8213
맵코드: 11 356 735*86
운영시간: 24시간
가격: 사슴 과자 150엔
전화번호: +81 742 22 0375
홈페이지: www3.pref.nara.jp/park

도다이지

도다이지(東大寺)는 일본 불교를 상징하는 곳이다. 나라 공원 안쪽에 위치한 이곳은 733년 창건된 긴쇼지를 기원으로 세워졌다. 일본에서도 거대한 크기로 유명한 대불전은 758년에 준공되었으나 두 차례의 화재로 소실된 후 1709년에 재건했다. 이곳 대불전엔 높이 약 15미터, 무게 452톤에 달하는 청동 비로자나불(毘盧遮那佛, 불교의 진리를 상징하는 부처)이 있는데 세계에서 가장 큰 청동 불상이다.

주소: 406-1 Zoshicho, Nara 630-8587
맵코드: 11 386 243•04
운영시간: 4~10월 07:30~17:30, 11~3월 08:00~17:00
입장료: 성인 800엔, 중·고등학생 800엔, 초등학생 400엔
전화번호: +81 742 22 5511
홈페이지: todaiji.or.jp

Tour 3

가스가타이샤

나라 공원 안쪽에는 도다이지 외에도 여러 신사와 사찰이 있다. 나라 공원 입구에는 고후쿠지 사찰이 있으며 안쪽으로 들어가면 가스가타이샤(春日大社) 신사가 있다. 봄에 이곳을 방문하면 벚꽃 나무 사이로 거니는 사슴들을 만날 수 있는데 신비로운 사슴의 모습과 벚꽃이 잘 어우러진다. 신사로 가는 길이 개인적으로 꽤나 인상 깊었는데 수많은 나무가 줄지어 선 애니메이션 영화 〈원령공주〉의 한 장면이 떠오르는 아름다운 곳으로 기억한다.

주소: 160 Kasuganocho, Nara 630-8212
맵코드: 11 357 334*40
운영시간: 4~9월 06:00~18:00, 10~3월 06:30~17:00
입장료: 500엔
전화번호: +81 742 22 7788
홈페이지: kasugataisha.or.jp

교토부
한눈에 보기

교토부(京都府)는 천년 고도로 불리는 교토를 중심으로 한 주변 지역으로 일본 전통문화를 가장 깊이 있게 느낄 수 있는 곳이다. 사찰과 정원이 도심 곳곳에 흩어져 있고 거리마다 고즈넉함이 묻어나며 계절에 따라 달라지는 풍경과 분위기가 특히 인상적이다. 관광객이 많은 도시로 외국인 관광객들을 위한 편의시설이 많아 여행 초보자도 비교적 쉽게 여행하기 좋은 곳이다.

이네후나야

간사이

• 이네후나야 •

바다 위에 떠 있는 집을 볼 수 있는 곳

교토의 작은 어촌 마을 이네후나야

교토시 북쪽에 위치한 이네후나야(伊根舟屋)는 오사카에서 차로 3시
간 정도 거리에 있는 작은 어촌 마을이다. 후나야(舟屋)는 배(舟)와
집(屋)이라는 의미로 마을 이름이 배를 위한 집이라는 뜻이다. 이곳
에서는 마을 이름에 걸맞는 독특한 집의 형태를 볼 수 있는데 이는
1700년대부터 이어진 방식으로 집의 모습이 배와 매우 흡사하다.
1층은 주로 배를 보관하거나 창고로 사용되며 2층에서 생활하는
것이 일반적인 형태다. 어획이 이 지역의 주된 경제 활동이기 때문
에 어부들이 바다에서 물고기를 잡는 모습을 흔히 볼 수 있다. 최근
SNS를 통해 알려지게 되며 오사카, 교토만 여행하던 사람들이 가
기 좋은 근교 소도시 여행지로 각광 받는 곳이다.

Tour 1

**이네후나야
수상 가옥**

이네후나야는 관광으로 특화된 도시는 아니다. 최근 이 지역을 방문하는 관광객이 늘고 있긴 하지만 작은 어촌 마을이기 때문에 일반적인 관광지와는 느낌이 사뭇 다른 곳이다. 하지만 170채 정도의 아름다운 수상 가옥과 전통 방식을 그대로 유지한 채 살아가는 사람들, 물고기가 헤엄치는 모습이 보일 정도로 깨끗하고 잔잔한 바다에는 다른 곳에서는 느낄 수 없는 이곳만의 특별한 감동이 있다.

주소: Hirata, Ine, Yoza District, Kyoto 626-0423
맵코드: 652 604 655*53
운영시간: 24시간
전화번호: +81 772 32 0277
홈페이지: ine-kankou.jp

후나야노사토 공원

넓게 펼쳐진 이네후나야를 한눈에 볼 수 있는 후나야노사토 공원(舟屋の里公園)엔 기념품을 구매할 수 있는 작은 가게들이 있다. 무료로 개방된 공원 전망대에서는 탁 트인 넓은 바다와 크고 작은 언덕, 정박한 배 그리고 물 위에 떠 있는 듯한 집이 어우러진 이네후나야만의 특별한 전망을 볼 수 있다. 특히나 늦은 오후 시간에 이곳을 방문한다면 오렌지빛으로 물든 노을을 볼 수 있다.

주소: 459 Kameshima, Ine, Yoza District, Kyoto 626-0424
맵코드: 652 605 488*21
운영시간: 24시간/매주 화요일 휴무(화장실과 주차장은 상시 운영)
전화번호: 0772-32-0680
홈페이지: uminokyoto.jp/spot/detail.php?sid=57

이네 카페

후나야노사토 공원에서 바닷길을 따라 20분 정도 걷다 보면 커피를 마시며 휴식하기 좋은 이네 카페(INE CAFE)가 나온다. 동네 주민들이 자주 방문하는 로컬 분위기인 이곳에선 넓은 바다와 일렁이는 물결을 보며 핸드 드립 커피를 맛볼 수 있다. 바다를 바라보며 커피를 마시다 보니 여행에도 여유가 필요한 이유를 알게 되었다. 바다를 보면서 아무것도 하지 않는 시간을 가져보는 것도 여행의 매력이 될 수 있다.

주소: 593番地1 Hirata, Ine, Yoza District, Kyoto 626-0424
맵코드: 652 605 426•31
운영시간: 11:00~17:00(라스트오더 16:30)
가격: 아메리카노 500엔, 치즈케이크 600엔
전화번호: 0772-32-1720
홈페이지: funayabiyori.com/food

효고현
한눈에 보기

효고현(兵庫県)은 간사이 지방의 중심 지역 중 하나로 고베와 히메지 같은 도시가 있는 곳이다. 고베는 바다와 산이 가까운 세련된 항구 도시이고 히메지에는 일본에서 가장 아름다운 성 중 하나로 꼽히는 히메지 성이 있다. 다양한 매력을 가진 조용한 여행지가 많은 지역이다.

고베시

간사이

· 고베시 ·

바다와 산을 함께 즐길 수 있는 곳

당일치기 여행하기 좋은 도시 고베

오사카에서 전철로 40분 정도면 도착할 수 있는 고베시(神戸市)는 우리에게는 품질 좋은 소고기로 유명한 곳이지만 생각보다 볼 것도 많고 특별한 경험도 할 수 있는 도시이다. 특별한 상징이나 유명 관광지가 있는 곳은 아니지만 바다와 산이 가깝고 큰 항구가 있어 산책하기 정말 좋은 도시이다. 간사이 지방을 여행한다면 앞서 소개한 나라시처럼 당일치기 코스로 둘러보기 좋은 지역이다.

난킨마치

고베 중심지를 걷다 보면 배경이 휘황찬란한 붉은색으로 바뀌는 곳이 있다. 붉은 등이 줄지어 매달린 거리, 중국어로 된 이국적인 간판, 코를 찌르는 향신료 냄새가 풍기는 이곳은 난킨마치(南京町)다. 1868년 고베항이 개항하며 중국 상인들이 일본에 몰려들어 만든 거리가 지금의 난킨마치로 거리 자체는 약 200미터 정도라 걸어서 10분 정도면 둘러볼 수 있다. 일본 여행을 하며 중국 문화를 함께 즐길 수 있는 특별한 곳이다.

주소: 1 Chome-3-18 Sakaemachidori, Chuo Ward, Kobe, Hyogo 650-0023
맵코드: 12 367 177•24
전화번호: +81 78 332 2896
홈페이지: nankinmachi.or.jp

Tour 2

이쿠타 신사

산노미야역에서 도보로 10분 정도 걷다 보면 고베를 대표하는 신사
인 이쿠타 신사(生田神社)가 나온다. 이곳은 약 1,800년의 오랜 역사
를 자랑하는 신사로 고베의 수호신을 모시는 대표적인 장소이다.
고베 사람들은 이곳을 사랑과 인연의 기원으로 생각하는데 이 신
사 자체가 연애운으로 유명하기도 하다. 이쿠타 신사는 곡선 형태
의 지붕과 입구 양쪽에 서 있는 코마이누 석상의 신성한 분위기가
매력적인 곳이다. 고베시가 전체적으로 현대적인 분위기라 이곳에
서 전통 건축물을 함께 볼 수 있어 추천하는 곳이다.

주소: 1 Chome-2-1 Shimoyamatedori, Chuo Ward, Kobe, Hyogo 650-0011
맵코드: 12 368 876*72
운영시간: 07:00~17:00
전화번호: +81 78 321 3851
홈페이지: ikutajinja.or.jp

247

Tour 3

고베 포트 타워&
모자이크
대관람차

이쿠타 신사에서 도보 약 1시간 거리엔 고베항(神戸港)의 대표적인 구조물 고베 포트 타워(神戸ポートタワー)가 있다. 108미터 높이의 전망대에서는 고베 시내와 고베를 대표하는 롯코산 그리고 오사카만의 모습을 360도로 감상할 수 있으며, 유려한 곡선 형태로 설계되어 있어 특별한 사진을 건질 수 있는 전망 좋은 곳이다. 이곳의 또 다른 유명 건축물로는 모자이크 대관람차(モザイク大観覧車)가 있는데 포트 타워와 위치가 가깝고 바다가 잘 보이는 곳에 있어 인기가 좋은 편이다.

고베 포트 타워
주소: 5-5 Hatobacho, Chuo Ward, Kobe, Hyogo 650-0042
맵코드: 12 337 472*20
운영시간: 09:00~23:00
가격: 전망대 성인 1,000엔, 어린이 400엔/옥상 갑판 성인 1,200엔, 어린이 500엔
전화번호: +81 78 335 6580
홈페이지: kobe-port-tower.com

모자이크 대관람차
주소: 1 Chome-6-1 Higashikawasakicho, Chuo Ward, Kobe, Hyogo 650-0044
맵코드: 12 337 046*14
운영시간: 10:00~22:00
가격: 800엔
홈페이지: umie.jp/features/mosaic kanransya

Tour 4

와카마쓰 공원

고베항과 함께 둘러보기 좋은 와카마쓰 공원(若松公園)엔 만화《철인 28호》에 등장하는 높이 18미터, 무게 50톤의 실물 크기 조형물이 있다. 실제 사이즈로 제작되었기 때문에 보기만 해도 압도되는 엄청난 비주얼을 느낄 수 있다. 이곳 주변 상가엔 만화가 요코야마 미츠테루의 또 다른 대표작인《삼국지》를 소개하는 전시 시설과 석상 등이 있어 함께 둘러보기에도 좋다.

주소: 6 Chome-3 Wakamatsucho, Nagata Ward, Kobe, Hyogo 653-0038
맵코드: 12 242 319*55
운영시간: 24시간
입장료: 무료

로쇼키

앞서 소개한 난킨마치 거리의 명물은 호빵인데 워낙 유명해 '난킨마치 호빵'으로 불리기도 한다. 한입 베어 물면 뜨거운 육즙이 터져 나오는 고기 호빵이다. 추천하는 가게는 로쇼키(老祥記)로 난킨마치 중심가에 있어 접근성이 좋으며 큼지막한 호빵 하나가 100엔 정도로 가성비까지 좋다. 반죽이 상당히 쫄깃해 만두처럼 맛있는 호빵을 맛볼 수 있는 곳이다.

주소: 1 Chome-3-7 Motomachidori, Chuo Ward, Kobe, Hyogo 650-0022
맵코드: 12 367 176*13
운영시간: 10:00~18:30
가격: 5알 600엔
전화번호: +81 78 331 7726
홈페이지: roushouki.com

시
코
쿠

일본을 구성하는 4개의 섬 중 하나인 시코쿠는 일본에서 크기가 가장 작은 섬이다. 도쿠시마현, 가가와현, 고치현 그리고 에히메현으로 구성되어 있다. 시코쿠는 전체 인구수가 363만 명일 정도로 규모가 매우 작고 온화한 기후로 인해 태풍의 피해가 적은 곳으로도 알려져 있다. 특산물로는 올리브나 귤 등이 있는데 그중에서도 귤이 굉장히 유명하다.

에히메현
한눈에 보기

에히메현(愛媛県)은 시코쿠 지방에 있는 조용한 바닷가 지역이다. 일본에서 가장 오래된 온천 중 하나인 도고 온천이 있는 곳으로 마쓰야마성처럼 역사적인 장소도 많다. 시골의 정취와 바닷바람이 어우러져 시간이 여유롭게 흐르는 곳이다.

마쓰야마시

시코쿠

· 마쓰야마시 ·

사계절 언제나 여행하기 좋은 곳

여유로운 해안가 풍경이 인상적인 도시 마쓰야마

마쓰야마시(松山市)는 에히메현에 속한 도시로 시코쿠 지방에서 인구가 가장 많고 유명한 지역이다. 마쓰야마시는 귤이 특히 유명한데 지역 캐릭터가 귤의 외형을 하고 있을 정도이다. 연평균 기온이 16.5도로 사계절 어느 때나 여행하기 좋은 도시이다. 우리나라에서도 직항이 있어 대도시 여행이 아닌 특별한 일본 소도시 여행지를 찾는 이들에게 적극 추천하는 여행지이다.

Tip

마쓰야마시에서는 다양한 쿠폰 북을 제공하고 있는데 마쓰야마역에서 짧은 설문지를 작성한 다음 여러 곳에서 사용할 수 있는 쿠폰 북을 받을 수 있다. 조금 귀찮게 느껴질 수도 있지만 참여하면 이곳저곳 쏠쏠하게 사용할 수 있어 나름의 재미가 있다. 간단한 참여로 쿠폰 북을 받아 다양한 곳에서 사용해보는 것을 추천한다.

도고 온천

마쓰야마시에 방문했다면 꼭 가봐야 하는 대표 관광지 도고 온천(道后温泉)은 일본에서 가장 오래된 온천 3곳 중 하나이다. 3,000년의 역사를 자랑하는 온천으로 2004년 국가 중요문화재로 지정되었고 2009년에는 미슐랭 그린가이드 재팬 최고 등급을 받은 유명 관광지이다. 애니메이션 영화 〈센과 치히로의 행방불명〉의 모티브가 되는 장소 중 하나로 도고 온천의 정문을 보고 영화 속 온천의 정문을 만들었다고 알려져 있다.

주소: 5-6 Dogoyunomachi, Matsuyama, Ehime 790-0842
맵코드: 53 349 770*84
운영시간: 06:00~23:00
가격: 어른 400엔, 어린이 160엔(1시간 기준)
전화번호: +81 89 921 5141
홈페이지: dogo.jp/onsen

Tour 2

**봇짱 열차 &
봇짱 카라쿠리
시계**

증기 기관차 봇짱 열차(坊っちゃん列車)는 67년간 실제 운행한 증기 기관차를 디젤 모델로 변경하여 운행하는 열차로 1900년대 초반의 증기 기관차 외형을 그대로 유지하고 있는 것으로 유명하다. 봇짱 열차 주변에서 볼 수 있는 봇짱 카라쿠리 시계(坊っちゃんカラクリ時計)에서는 이곳을 배경으로 한 소설《봇짱》의 일부를 인용한 간단한 인형극을 관람할 수 있다. 관람료가 무료인 데다 무료 족탕도 이용할 수 있어 간단히 여독을 풀기에 좋다.

주소: 7 Dogoyunomachi, Matsuyama, Ehime 790-0842
맵코드: 53 349 615*53
운영시간: 08:00~22:00(30분 간격으로 인형극 진행)
가격: 무료
전화번호: +81 89 948 6555
홈페이지: city.matsuyama.ehime.jp/kanko/kankoguide/shitestukoen/karakuri.html

마쓰야마성

마쓰야마시의 중심부, 해발 132미터 위에 우뚝 세워진 마쓰야마성 (松山城)은 에도 시대 이전에 지어진 천수각을 가진 특별한 성이다. 이렇게 오랜 세월 보존된 천수각은 일본에서도 12곳밖에 남지 않았다. 천수각에 올라 바라보는 마쓰야마시의 풍경은 가히 절경이다. 산 위에 있는 마쓰야마성은 걸어서 접근하기에는 다소 어려움이 있지만 리프트 시설이 마련되어 있어 비교적 쉽게 성을 오르내릴 수 있다.

주소: 1 Marunouchi, Matsuyama, Ehime 790-0008
맵코드: 53 347 065*53
운영시간: 09:00~17:00/리프트 08:30~17:00
입장료: 성인 520엔, 어린이 160엔(리프트 왕복 티켓 포함)
전화번호: +81 89 921 4873
홈페이지: matsuyamajo.jp

Tour 4

쿠루린 대관람차

마쓰야마성 근처에 있는 이요테츠 다카시마야 백화점 꼭대기엔 쿠
루린 대관람차(大観覧車くるりん)가 있다. 일본에는 높은 건물 꼭대기
에 대관람차가 있는 경우가 많은데 쿠루린 대관람차도 그런 곳 중
하나이다. 외국인은 무료로 관람차를 이용할 수 있고 마쓰야마시를
360도로 둘러볼 수 있는 곳이라 이곳에 방문했다면 한번쯤 경험해
보는 것을 추천한다.

주소: 5 Chome-1-1, Minatomachi, Matsuyama, Ehime 790-8587
맵코드: 53 286 805*45
운영시간: 10:00~21:00
전화번호: +81 89 948 7056
홈페이지: iyotetsu-takashimaya.co.jp